BRAND ADMIRATION

品牌崇拜

打造受人爱戴的商业帝国

［美］C. W. 帕克（C. Whan Park）
［美］黛博拉·麦金尼斯（Deborah MacInnis）　◎著
［英］安德烈亚斯·艾森格里奇（Andreas B. Eisingerich）

周志民　张宁◎译

图书在版编目（CIP）数据

品牌崇拜：打造受人爱戴的商业帝国 /（美）C. W. 帕克（C. Whan Park），（美）黛博拉·麦金尼斯（Deborah J. MacInnis），（英）安德烈亚斯·艾森格里奇（Andreas B. Eisingerich）著；周志民，张宁译. -- 北京：华夏出版社，2019.3

书名原文：Brand Admiration

ISBN 978-7-5080-9448-9

I.①品… II.①C…②黛…③安…④周…⑤张… III.①品牌—企业管理—研究 IV.① F273.2

中国版本图书馆 CIP 数据核字（2018）第 055476 号

Copyright © 2016 by John Wiley & Sons.
All Rights Reserved. This translation published under license.
版权所有，翻印必究。
Copies of this book sold without a Wiley sticker on the cover are unauthorized and illegal
所有未贴 Wiley 商标的版本都是非法和未经合法授权的图书
北京市版权局著作权登记号：图字 01-2017-0160 号

品牌崇拜：打造受人爱戴的商业帝国

著　　者	[美] C. W. 帕克　[美] 黛博拉·麦金尼斯　[英] 安德烈亚斯·艾森格里奇
译　　者	周志民　张　宁
策　　划	陶　鹏
责任编辑	魏　霞　卫清静
特约编辑	孙立凯
出版发行	华夏出版社
经　　销	新华书店
印　　刷	三河市少明印务有限公司
装　　订	三河市少明印务有限公司
版　　次	2019 年 3 月北京第 1 版 2019 年 3 月北京第 1 次印刷
开　　本	720mm×1000mm　1/16
印　　张	16.25
字　　数	250 千字
定　　价	49.00 元

华夏出版社　地址：北京市东直门外香河园北里 4 号　邮编：100028
　　　　　　　网址：www.hxph.com.cn　　电话：（010）64618981
若发现本版图书有印装质量问题，请与我社营销中心联系调换。

对《品牌崇拜》一书的赞誉 | Brand Admiration: Building a Business People Love

品牌崇拜模型提供了一个令人信服的框架（赋能、赋情和赋意利益），用以创建能够提升顾客价值和企业价值的品牌。这样的品牌能与顾客建立关联，通过为顾客带来意义、身份认同和情感而最终为顾客幸福做出贡献。确实很棒！

——詹姆斯·贝特曼
杜克大学富卡商学院教授

帕克、麦金尼斯和艾森格里奇以他们丰富的经验和洞察力，提供了深入的、原创性的和实战视角的品牌化观点。本书全面、准确且具有高度的可操作性。他们在品牌崇拜概念上的详尽阐述，对于有志于提升品牌战略设计、实施和评估的从业者来说，无疑是一座金矿。

——凯文·凯勒
达特茅斯大学塔克商学院教授
营销科学研究院前执行主任

本书为品牌战略领域提供了丰富而深刻的见解，它准确地指出了建立一个令人喜爱的品牌的来龙去脉。对于任何一个决心打造受人崇拜的品牌的人或公司而言，本书都是不可或缺的。

——郑义宣

现代汽车集团副社长

帕克、麦金尼斯和艾森格里奇为建立和管理品牌崇拜提供了一个强有力且非常实用的观点。本书以学术研究为坚实基础，提供了一系列可操作的工具，以培育和测量品牌崇拜，确保品牌的短期与长期成功。无论是对于大小企业的高层管理者，还是那些直接负责品牌绩效管理的人员来说，本书都是必读之书。

——巴巴·希夫

斯坦福商学院教授

终于有一本书以一种全新、全面和实用的方式来推进品牌学科的发展了。对于试图通过建立经久不衰的品牌来使公司价值最大化的商业领袖来说，本书是必读之作。

——多琳·艾达

雀巢公司美国前地区总裁和营销总监

像苹果和耐克这样睿智的品牌深知如何通过超越功能、情感来俘获你的心。但如何将你的品牌赋予人性化？帕克、麦金尼斯和艾森格里奇基于严谨的消费者心理研究，提供了易于使用的路线图。他们所述的赋能、赋情和赋

对《品牌崇拜》一书的赞誉

意框架合乎逻辑、直观且恰逢其时。这本书给你提供了理论工具来建立和维护受人崇拜的品牌。

——罗希特·德什潘德

哈佛商学院营销学教授

营销科学研究院前执行主任

品牌是对组织活力的社会评估。每一位领导者都在嘈杂的环境中寻求提升他/她的品牌和声誉的方式。帕克、麦金尼斯和艾森格里奇提供了实践的同时又基于研究的工具,开启了真正有见地的建立品牌的创新方式。必读!

——格里·乔治

新加坡管理大学李光前商学院院长及创新和创业专业首席教授

《管理学会学报》主编

本书巧妙地固化了一个观点,即为何体验营销是让品牌备受崇拜的三个核心因素之一。该书突破性的、整合性的框架完美地传递了品牌管理者在培育品牌时需要考虑的核心问题。

——伯德·施密特

哥伦比亚大学国际商务教授

国际品牌领导中心主任

非常崇拜《品牌崇拜》这本书!作者呈现了一个前沿性的框架,有助于从业者建立让顾客信任、挚爱和尊重的有价值的品牌。

——黛博拉·勒德-约翰

明尼苏达大学卡尔森商学院首席营销学教授

目录

Brand Admiration:
Building a Business
People Love

推荐序一　1

推荐序二　4

推荐序三　9

译者序　11

前言　15

第一篇　基础概貌　001

第1章　品牌崇拜为何重要？　003
引言　003
品牌价值　005
品牌崇拜的管理系统　014

第2章　品牌崇拜的实例　019
引言　019
概述　021
B2B市场中受崇拜的品牌　022
非营利（服务）市场上受崇拜的品牌　025

国际市场上受崇拜的品牌　026
品牌类型　027
关键知识点　030
你的品牌如何？　031

第 3 章　品牌崇拜背后的科学　033

引言　033
概述　034
品牌崇拜背后的理论　034
品牌信任、挚爱和尊重　037
如何建立品牌崇拜：3E 模型　039
关键知识点　048
你的品牌如何？　049

第二篇　建立受崇拜的品牌　051

第 4 章　建立组织内部的品牌崇拜　053

引言　053
概述　054
员工作为品牌建设的资源　054
创造一个有意义的使命宣言　057
赋能、赋情和赋意特征，让使命鲜活　059
人性化地向员工赋能、赋情和赋意　063
关键知识点　069
你的品牌如何？　070

第 5 章　建立顾客的品牌崇拜　071

引言　071
概述　072
品牌定位宣言　072
定位宣言开发的战略决策　074
定位宣言和财务目标　088

关键知识点　088
你的品牌如何？　089

第 6 章　建立第一品牌回想　091

引言　091
概述　093
第一品牌回想的关键问题　093
通过品牌标志加强第一品牌回想　097
通过品牌名称加强第一品牌回想　100
通过产品（包装）设计加强第一品牌回想　101
将品牌标志、名称和产品或包装设计整合在一起　105
关键知识点　106
你的品牌如何？　107

第三篇　强化和延用受崇拜的品牌　109

第 7 章　强化品牌崇拜　111

引言　111
概述　112
强化品牌崇拜的价值提升策略　113
操控品牌利益的策略　117
调整利益的重要性程度策略　121
创造（改变）参照对象策略　123
价值提升策略的延伸思考　124
关键知识点　127
你的品牌如何？　128

第 8 章　延用品牌崇拜：延伸效应与回馈效应　129

引言　129
概述　130
为什么要延用受崇拜的品牌？　130
如何延用品牌：产品和品牌延伸策略　133

关键知识点 144
你的品牌如何？ 145

第9章　延用品牌崇拜：实施问题　147

引言 147
概述 148
产品延伸和品牌延伸何时最有可能成功？ 149
高匹配度总是必需的吗？ 156
随着时间推移实现最佳延伸效应和回馈效应 159
关键知识点 164
你的品牌如何？ 165

第10章　品牌架构设计　167

引言 167
概述 168
在品牌架构设计中的品牌命名选项 169
设计公司品牌架构 178
在公司品牌架构中选择一个品牌化选项的标准 181
关键知识点 185
你的品牌如何？ 186

第四篇　评估受崇拜品牌对公司和顾客的价值　187

第11章　测量品牌资产　189

引言 189
概述 190
品牌资产视角 191
测量品牌资产 193
品牌资产测量方法的吸引力 200
关键知识点 207
你的品牌如何？ 208

第12章　品牌崇拜仪表盘　209

引言　209
概述　210
品牌崇拜仪表盘能够为你提供什么？　212
品牌崇拜仪表盘：一个示例说明　215
关键知识点　223
你的品牌如何？　224
附录　225

后记　229

推荐序一 | Brand Admiration: Building a Business People Love

　　市面上探讨品牌化的书数以百计。基本上所有的书都在探讨如何让你的品牌和顾客更为相关，从而获得他们的信任。但是，要想获得一个总体框架，来理解品牌如何为公司及其顾客系统地创造价值和延续价值，该如何去做？最近，帕克、黛博拉·麦金尼斯和安德烈亚斯·艾森格里奇三位学者在其著作《品牌崇拜：打造受人爱戴的商业帝国》中引入了这样的框架。

　　本书内容具有突破性、整合性和可操作性，且以理论研究为基础。帕克、麦金尼斯和艾森格里奇教授在书中提供了审视品牌化的全新视角。最核心的启示是：品牌崇拜是品牌的终极目标。

　　试想一下，耐克、苹果、迪士尼、谷歌和Salesforce[①]等知名品牌的共性是什么？诚然，它们是拥有优质产品和服务的著名品牌，但是，它们持久的成功仍应归因于其受人崇拜的事实。

　　受人崇拜的品牌是那些顾客挚爱、信任和尊重的品牌——程度之甚以至于顾客感受到和品牌的某种个人关联。这个品牌是人们在需要某一产品类

---

① Salesforce：一家全球性的企业软件服务提供商，提供基于云计算的先进客户关系管理解决方案，为全球十万多家企业服务。——译者注

别时第一个想到的品牌。顾客不仅会购买受崇拜的品牌，还会为它美言几句（即使顾客需要付出一些成本），当品牌出现问题时也会更加宽容。让你的品牌受人信任、挚爱和尊重是极其重要的，因为这些心理状态将极大地影响顾客对你品牌的忠诚和拥护程度。

这些顾客行为转化为利润的增长、员工的留任和伙伴关系的机遇，从而为企业创造了巨大价值。在作者看来，品牌不仅是一个用来区别产品或服务的名称，还是与顾客和品牌所有者都相关的价值创造体——并且，创造一个受人崇拜的品牌所付出的努力价值千金。

帕克、麦金尼斯和艾森格里奇不仅阐明了品牌崇拜是什么，而且还解释了为何每一个组织成员都应有决心去创造它。作者也明确了营销者可以做什么，使品牌受人崇拜并持续下去。特别是，最受崇拜的品牌提供了人类幸福本源的利益：为顾客赋能、赋情和赋意。这个理论植根于合理的营销理念，以及有关人类动机、目标和需求的现有心理学理论。考虑到市场竞争不断演进的本质，营销者不仅需要创造，而且还要随时间推移努力维系品牌崇拜。书中还会提供一系列正确可行的价值提升战略，帮助你持续优化品牌并超越竞争对手。

作者还明确建议营销者如何通过使用产品和品牌延伸战略来延用品牌崇拜。这样一来，受人崇拜的品牌不仅会带来更多利润，还可以为持续增长提供路径。

帕克、麦金尼斯和艾森格里奇还开发了品牌资产的量表，并将其作为整体理论框架的一部分。这些量表可以帮助品牌管理者和首席营销官向首席财务官展示品牌的市值（和品牌投资）。品牌管理者也可以使用作者开发的仪表盘指标来对业务预警信号进行诊断（就像煤矿中的金丝雀对瓦斯那么敏感一样），从而知晓，如果存在问题，下一步应该怎么办。

除此以外，他们的理论框架也可以应用于任何业务类型的品牌和行业当中，从 B2B、B2C 到技术、商品、名人、机构、非营利组织等。无论是新品牌还是现有品牌，都可以成功地应用这个理论框架。B2B 品牌若能充分考虑品牌崇拜视角，将尤为受益。每个人都可以从本书中获益良多。

我们 MarketingProfs 公司对品牌崇拜的概念尤为热衷，以至于它已经成为本公司培训项目的核心部分。让我们赞叹的是，此书不是建立在肤浅的"呓语"或纯粹故事的基础上。本书的作者都是具有几十年品牌研究经验的世界知名学者。在构建整体理论框架的过程中，他们融合了自身以及其他营销思想先驱者的研究成果。所以，我们现在看到的理论框架能够提供丰富的新思想以及诸多激动人心且具有行动导向的思路。以上种种，尽在本书之中。

艾伦·魏斯（Allen Weiss）
MarketingProfs 有限责任公司首席执行官 / 创始人

Brand Admiration: Building a Business People Love | 推荐序二

品牌学术大海中的老人与他创新的品牌战略地图

《品牌崇拜》一书的价值，并不仅仅在于概念的新颖和深刻，更在于帕克教授等历数十年的品牌理论和品牌咨询的修炼，深思熟虑，融会贯通，为品牌实践提出了创新的路线图。这套可以落地的品牌战略地图，既是创新的，也是务实的，为创建和发展品牌提供了一流的新思想和新工具。

美国南加州大学（USC）营销学著名教授帕克是全球品牌学术领域少数重量级的学者之一。1986年，他因发表的著名论文而在品牌学术界崭露头角。这篇著名的论文即发表在核心期刊《营销学报》（JM）的《战略品牌概念》（*Strategic Brand Concept*）。在此之前，品牌研究和现代品牌理论几乎还是一片待开垦的处女地，经典的论文屈指可数，或许，只有盖德勒（B. B. Gardner）和列维（S. J. Levy）1955年发表在《哈佛商业评论》上的《产品与品牌》一文可以与之媲美，因为其做出了两大贡献："产品"和"品牌"二者的理性区分，以及提出了"品牌形象"（brand image）的概念。在帕克的此文之后，则是品牌研究的经典名篇不断出现，除了品牌大家阿克（D. Aaker）和凯勒（K. L. Keller）的论著之外，有杰妮弗的"品牌个性"（J. Aaker，1997）、苏珊的"消费者—品牌关系"（S. Fournier，1998）、施密特的"品牌体验"（B. H. Schmitt，2000）和穆尼茨等的"品牌社群"（A. M. Muniz and Thomas C. O'Guinn，2001）等。

这些经典成果的出现，或许与帕克1986年的论文从学术上为朦胧中的"品牌"概念搭建起了清晰的架构是相关的。帕克提出品牌具有3个维度：功能的、符号的和体验的。其"品牌概念管理"（BCM）框架进一步厘清了品牌与产品的不同，也为以后发展品牌战略管理的流程和品牌与顾客的关系提供了策略思路。这一赢得了学术奖的论文为其后几十年品牌内涵的挖掘和丰满，开辟了充足的思想空间和正确的成长方向。其中，"品牌体验"从20世纪末开始得到了重要的发展，"品牌符号（象征）"则成为品牌的欧洲学派开拓新方向的重要思想武器，并且是21世纪的品牌研究中理论创新的起点之一。

与帕克1986年的成果相比较，摆在我们面前的这本新书《品牌崇拜》具有更宏大的学术意义和实践价值，此乃基于以下两大理由。

首先，此书不是一个点状的或单一的研究成果，而是一个系统的突破。用帕克教授自己的话来说，这是他们集几十年品牌学术研究和品牌咨询实践之大成。

回顾品牌思想和理论的历史，我们看到，整体和系统性的原创并不多见。在帕克之前，阿克以《管理品牌资产》为代表的论著和凯勒以《战略品牌管理》为代表的著作，或再加上卡普菲勒的《战略品牌管理》一书，都可被认为是整体和系统化的品牌学术的一家之言。现在，帕克以其著作《品牌崇拜》，似乎正在挤入这一学术高地和大境界。

在长期探索分析全球最伟大的品牌何以成功的背景下，作者深入追问品牌魅力产生的根源。在基于顾客的品牌资产理论（CBBE）的基础上，作者的创新在于洞察了以下的深层逻辑：顾客因品质等而信任品牌，因品位而产生品牌情感乃至品牌挚爱，因品格而尊重品牌甚至崇拜品牌。"至信"—"至爱"—"至尊"，这是品牌的三大最高境界和终极目标，恰如"真善美"是普世价值的终极目标一样。

最高目标的确立，指明了品牌化的大道和正确的方向。更现实的挑战是，在一般意义上，对于绝大多数品牌而言，它们都处在奔向最高目标的路上，如何衡量品牌在这三个维度上的"得分"？如何不断提升、优化、更上一层楼？如何运用这一新的品牌管理框架发展品牌资产？这都是作者在本书后面部分着力解决的问题。

其次，《品牌崇拜》不仅整体上建构了战略品牌管理的创新视野和理论系统，更不容易的是，它描绘出了从战略到执行的路径和流程，也就是说，作者力图既高屋建瓴，又脚踏实地。这让人联想到被《哈佛商业评论》誉为"75年以来最具影响力的战略管理工具之一"——卡普兰（R. S. Kaplan）和诺顿（D. P. Norton）发表的《平衡计分卡》（1996）和《战略地图》（2004）。可以认为，帕克教授的新书提供了品牌领域的创新战略地图。在这个意义上，该书的副标题不妨也可以表达为："化战略为行动的指南"。

为了实现新思维落地这个目标，作者在创新品牌化的测量和实施工具方面殚精竭虑，费力甚大，精炼出了全书占比例很大的后面若干章节内容。让我们试以其第7章略加说明。"品牌价值"在阿克和凯勒等人的许多论著中都是一个重要的核心概念。品牌价值在实操中往往华而不实、秀而不锐，美若浮云，却难以把握。为了将品牌价值进一步落到实处，具有可操作性，作者在书中发展了"品牌利益"的概念及其三种类型。第7章的中心是从"品牌价值"到"品牌利益",提出了通过调整、增加或者删减每个品牌利益的权重达到改变顾客品牌价值的思想和方法,从而架设了由泛至准、从虚到实的通向规范操作的桥梁。

《品牌崇拜》一书回答了两个重大问题:卓越品牌的魅力来自何处?以及赢得超级品牌魅力的路径和方法是什么?作者以创新的品牌理论体系和务实的概念执行方法相结合,标新立异,独树一帜,双珠合璧,价值生辉。《品牌崇拜》具有学术原创和实战落地的两栖风格,与许多夸夸其谈的品牌书籍有着根本之不同。对品牌学术长征路上的中国学者而言,它如甘露清泉;对追求品牌梦想的中国企业家而言,它如真功利器。

本书当然也有美中不足之处,主要是缺乏新兴市场的实际应用和案例。因而特别值得期待的是,中国的企业家和学者在学习此书的基础上,融会贯通,运用此书的理论方法,实现中国情境中的品牌化创新,并将其融入全球化的品牌理论和实践之中。

掩卷闭目,悠然之中,帕克教授仿佛与诺贝尔文学奖获得者海明威的小说《老人与海》中的形象浑然一体了。

是的,在学术的大海中,帕克不就是一位咬住目标坚持不放的"渔夫"吗?从1986年的"BCM"(品牌概念管理)到2016年的"BAM"(品牌魅力管理),帕克30年恒定在一个学术方向上,锲而不舍,金石为开。

是的,帕克教授的英语沉稳缓慢,而且习惯使用简单的词汇,确实酷似海明威的《老人与海》的文字表达风格,这又让人联想到那大海中老渔翁的行动举止和自信神态。

是的,帕克教授在课堂上为MBA学生准备比萨饼的那动人的一幕,与小说中老渔夫对孩子的慈爱有加的细节不是如出一辙吗?

酷暑当空,清泉在胸。浮生哲念,掠上心头:

一生执着何所求,海阔天高任我游。

变幻大千闻道早,华章神韵点迷幽。

是为序。

卢泰宏

中山大学营销学教授、博导

科特勒营销理论奖 大中华区首位获奖者

2017 年 8 月 6 日于天津

推荐序三 | **Brand Admiration:**
Building a Business
People Love

    品牌之道，阴阳两面。阴代表实、有、形、价，阳代表虚、无、象、值。企业做品牌，希望通过与客户建立关系，发展品牌形象，不断提高品牌价值。对企业而言，怎么起步，如何做成有特色的品牌，继而做久，是门虚实并举、"有无相生"（《道德经》第二章）的大学问。市面上品牌管理的书籍已经很多，本书别有新意，亮点是提出了品牌崇拜管理系统。第一作者南加州大学的帕克教授是品牌领域著名学者，不仅在《营销学报》（*Journal of Marketing*）、《消费者研究学报》（*Journal of Consumer Research*）、《营销研究学报》（*Journal of Marketing Research*）等权威期刊上有许多论著，而且还曾担任《消费心理学报》（*Journal of Consumer Psychology*）主编，同时还有世界级跨国企业高层实践。这些经历使得帕克教授在品牌管理方面具有深厚的理论功底和丰富的实践经验。许多企业熟悉品牌满意度，帕克教授提出的品牌崇拜属于品牌关系的深层次范畴，其内涵比品牌满意度要更进一步。品牌崇拜的新观点不只是在理论上值得一读，更值得在实践中一试。这是我推荐本书的原因之一。

    清末思想家严复曾说过，"翻译有三难：信、达、雅"。"信"指准确无误，

"达"指通顺明白,"雅"指简明优雅。周志民教授自师从中山大学卢泰宏教授攻读博士学位起,就将品牌作为研究方向,2008年就出版过一本名为《品牌管理》的著作,得到读者的认可,至今已重印9次。志民年纪虽轻,但在中国品牌研究方面已有一定的造诣。近年,他主持过多项品牌领域的国家级课题,入选了教育部新世纪优秀人才计划,发表了多篇品牌管理领域的论文,也获得过数十项科研奖励。他曾去南加州大学进修一年,与帕克教授有许多朝夕相处的机会,向帕克教授学习了不少关于品牌管理的新知识,并开始研究立足于中国本土的消费者品牌幸福感(Brand Well-being, BWB)。帕克教授邀请他翻译自己的著作,应该是因为知道他对品牌关系有一定的了解,更是因为相信他翻译时能做到信、达、雅。这是我推荐本书的原因之二。

相信这部品牌管理新作定会对中国的读者有所帮助。

周 南

香港城市大学教授、博导

武汉大学长江学者讲座教授

2017年6月21日于香港

译者序 | Brand Admiration: Building a Business People Love

 品牌一直是企业经营的热点问题。从 2017 年起，国务院确定每年 5 月 10 日为"中国品牌日"，更是将中国品牌建设推向了高潮。品牌建设实务需要品牌理论的指导。尽管近年来有关品牌的专著层出不穷（多为品牌咨询顾问的经验之作），但在如何创建品牌的问题上，很少有专著提供系统、深刻而有效的学术洞见。2016 年，美国南加州大学的帕克教授、麦金尼斯教授和英国帝国理工大学的艾森格里奇教授合著的《品牌崇拜》一书，提出了一个极具理论基础和实用价值的"品牌崇拜管理系统"模型，从而为品牌建设提供了一个全新的、系统化的战略路径。

  相对于其他品牌著作，本书有四大特点。

1. 创新性

  本书提出了一个原创概念——品牌崇拜，用以描述顾客与品牌间显著关联的程度。这种关联源于他们对品牌的信任、挚爱和尊重，而品牌崇拜又会带给人们幸福。为了建立品牌崇拜，企业需要同时为顾客提供赋能利益（enabling benefits）、赋情利益（enticing benefits）和赋意利益（enriching benefits），简称 3E。这三个利益系学术界首次提出。

2. 系统性

品牌建设本质上是一个系统工程，本书为这一系统工程提供了一个很好的战略范本。三位作者构建了建立、强化、延用品牌崇拜的管理体系，其中品牌崇拜（源自品牌信任、品牌挚爱、品牌尊重）是品牌建设的目标，赋能利益、赋情利益、赋意利益是品牌建设的核心，针对员工和针对顾客的品牌崇拜建设是两条建设路径，品牌资产是品牌崇拜带来的结果。

3. 科学性

不同于一般的品牌著作，本书由三位著名的品牌学者合作完成，因此秉承了学术研究的严谨性，其中的观点均来自他们自己或其他学者的学术研究成果，具有很强的科学性。比如，帕克教授将品牌依恋、品牌关系、品牌延伸、品牌LOGO、品牌概念等方面的实证研究成果都纳入本书当中。这使得本书内容有据可循。

4. 实操性

本书的实操性体现在两个方面：（1）书中分析了大量的品牌案例，如苹果、三星、耐克、圃美多、迪士尼、《星球大战》、梅奥诊所、哈雷摩托车、新加坡航空、Salesforce等，甚至还提及中国的小米手机。这些案例不仅帮助读者理解品牌理论，而且给予大家实务启示。（2）本书提出的品牌崇拜管理体系既是一个理论体系，也是一个实操体系，读者可以根据当中的建议来提升品牌管理水平。特别是，在本书的第12章，作者综合前面的内容提出了一个品牌崇拜仪表盘，该管理工具在实操中非常有效。

可见，这是一本非常优秀的品牌专著。本书不仅获得了各位学界教授和业界精英的推荐，而且还成为《福布斯》杂志向营销实务界隆重推荐的必读之作。此外，该书的日文版、韩文版也即将出版，对于亚洲拥有品牌梦想的企业来说的确是一个福音。

译者序

作为中文版的翻译者,我深感荣幸。而能成为本书的译者,源于帕克教授与我的师生缘分。2014年8月至2015年8月,受国家留学基金资助,我在美国南加州大学做访问学者,帕克教授是我当时的合作导师,对我有诸多指导和关照。犹记得在MBA的《品牌管理》课堂上,帕克教授对品牌崇拜管理体系的精彩讲解,让我如饮甘露、如沐春风。记忆犹新的还有,帕克教授在课堂上经常自费买上几盒比萨给学生吃,因为这些学生当中有很多下了班来不及吃晚饭就赶来上课。帕克教授开玩笑地说,多年后,大家可能不记得他的名字,但一定记得有一位比萨教授。多么有爱心和有趣的教授啊!

为了将本书按时按质翻译出来,我组织了十余位博士后、博士生和硕士生参与前期的翻译工作。12章初稿的翻译分工如下:第1章(余利琴、战歌、冯文婷和袁靖波)、第2章(陈瑞霞、李观飞、郑玲和吕嘉琪)、第3章(吴子燕、王凛、郑付成和罗璇燕)、第4章(余利琴)、第5章(余利琴)、第6章(陈瑞霞)、第7章(李观飞)、第8章(郑玲)、第9章(吕嘉祺)、第10章(吴子燕)、第11章(王凛)、第12章(罗璇燕)。郑付成负责制作全书的图表。张宁博士帮助我组织安排了翻译团队的工作,并参与了3章的校译。战歌、袁靖波、冯文婷等3位博士后每人校译了一遍书稿。最后,由我逐字逐句对全书译稿进行校对。感谢他们认真负责的前期工作,使我能够尽可能快而好地完成后面的校稿工作。

受帕克教授委托,两位中国营销界泰斗级人物——中山大学卢泰宏教授(我的博士生导师)和香港城市大学周南教授(我的博士后导师之一)欣然答应作中文版推荐序,我相信这一定会极大地为本书增色添彩。

虽然我和我的团队已进行了多轮校译,但受限于时间和水平,译稿仍可能存在翻译不当之处。敬请读者朋友们不吝赐教,帮助我们更好地翻译这部优秀的作品。在此谢过。

最后，希望本书能帮助中国企业建设更优秀的品牌，让世界听到中国品牌的声音。我想，这就是品牌"中国梦"，也是"中国品牌日"设立的初衷。谨记之。

周志民　教授、博导
深圳大学管理学院副院长
深圳大学文化产业研究院副院长
2017年8月16日凌晨于深圳南山

前言 | Brand Admiration: Building a Business People Love

是什么让本书与众不同？

商业帝国里并不缺乏品牌化的相关著作。然而，《品牌崇拜》的不同之处在于它改变了游戏规则。

第一，我们用一个新颖的、整合的、总体的视角审视品牌管理的基本目标及达到目标的方式。我们把这个视角称为"品牌崇拜管理系统"。这个系统为长期建立、强化和延用品牌崇拜提供了一个路线图，从而为顾客和公司带来价值。我们把品牌崇拜视为品牌健康的最佳状态。其他著作一般只会罗列出一系列"应该这样做"的操作建议，而本书则提供了一个整体的系统，里面的各种因素相互联系、融为一体。通过这种方式，本书提供的理论连贯性使得一系列的"应该这样做"非常有说服力。

第二，我们直接将品牌崇拜和企业的品牌价值联系起来。我们认为，建立、强化和延用品牌崇拜是品牌建设中最重要和最基本的目标。基于近几十年来营销学和心理学领域的研究，我们强调了三类关键的利益来刻画受人崇拜的品牌。这些品牌可以给顾客赋能、赋情和赋意。这三类利益简称3E，对顾客和品牌之间的关系可以产生指数级的影响。它们通过增强顾客对品牌的信任、挚爱和尊重而建立起品牌崇拜。这种品牌崇拜，又反过来给企业带来价值。我们会在第3章描述几个重要的心理学过程，从而解释为什么3E可以为顾客（和企业）创造价值。

第三，我们描述了企业究竟如何建立、强化和延用这种价值。本书的重点并不在于如何快速解决一些小问题和提高第四季度盈利，而在于检验短期内可以高效形成竞争优势的驱动力量，而竞争优势又可长期建立（第4、5、6章）、强化（第7章）和延用（第8、9、10章）品牌崇拜。当短期的侧重点和长期目标一致时，品牌将会同时获得短期和长期的成功。历史上出现过大量品牌案例，其领先地位可以保持数十年、几代，甚至是一个世纪或更长时间（第2章）。

第四，我们提出了一个有关品牌架构设计的创新思路（第10章）。本书会说明企业的各种业务和产品如何品牌化，从而带来最优的财务、资产和组织利益。本书还提供了一个创新而实用的指标来测量品牌资产（第11章），以及一套仪表盘指标来帮助管理者诊断是什么因素驱动了（或者没有驱动）成功的品牌绩效（第12章）。

第五，我们的框架模型不是仅仅基于个人观点，也不是单纯根据一个特定品牌案例，而是基于我们和其他营销学、心理学研究者数十年的理论和实证研究建立起来的。特别是，我们的框架模型是从基本的人类需求、目标、情绪和动机研究中提炼出来的，而且实证研究也证实了需求、目标、情绪和动机会引发品牌崇拜。

第六，我们的框架模型是可以普及的。我们的框架模型对新品牌的推出和现有品牌的管理同样有效，对不同行业的品牌、B2B和B2C的品牌都是适用的。品牌管理者、首席营销官、首席执行官以及在做产品品牌、服务品牌、名人品牌、国家品牌、机构品牌和非营利组织品牌的员工，都可以用到本书中的框架模型。

我们期待您发现本书提及的思路是新颖的、可操作的并且强大的——确切地说，在驱动品牌价值向顾客和企业传递的过程中，带来游戏规则的改变。

Brand Admiration:
Building a Business People Love

第一篇
基础概貌

第 1 章
品牌崇拜为何重要？

受人崇拜的品牌能够同时为企业和消费者创造巨大价值。

引言

在 21 世纪的前 16 年间，苹果公司奇迹般地东山再起。对此，尽管我们耳闻目睹，但仍很难参透个中奥秘。1999 年，微软公司市值接近 6200 亿美元，股价达到历史新高，而苹果公司正濒临破产。彼时，苹果公司的财力根本无法与微软公司相提并论，遑论超越微软了。在 1998 年《名利场》（*Vanity Fair*）杂志的一次采访中，比尔·盖茨表示："苹果公司会比微软公司的规模更大或盈利更多？这是令人无法想象的一幕。" 17 年后，苹果公司的市值达到 6830 亿美元，是微软公司市值的两倍多。iPhone 6s 手机的销量尤为惊人，仅在 2015 年的第四季度，iPhone 6 和 6s 系列手机的销量就超过

4800万台。事实上，在2015年7月，微软公司的首席执行官萨提亚·纳德拉（Satya Nadelia）就曾经表示，如果微软想和苹果、谷歌以及其他公司竞争，Windows必须变得让人渴望。微软公司的Windows操作系统之所以成为必备的办公工具，并非因为受到消费者的热爱。在他看来，使消费者爱上Windows是微软所追求的关键目标。

我们难以预料苹果公司在未来的5到20年间会发生什么，但是对以下两个重要问题的回答或许能够帮助苹果公司持续巩固自己的成功：第一个问题是"苹果公司是如何华丽转身的"，第二个问题是"苹果公司怎样做才能确保持续的增长和繁荣"。对于第一个问题，我们已经听过很多关于苹果公司成功推出iMac、iPod和iPhone的故事，但我们尚不清楚这些做法和其他因素是如何将苹果打造成一个强势品牌的。除了了解成功的因素有哪些，我们还需要进一步了解这些因素如何共同对消费者产生强有力的影响。除非我们能够回答第一个问题，否则我们很难找到第二个问题的答案。

微软公司需要探究，既然Windows拥有"必备"的实用性，为什么无法让人爱上它。同时，微软公司也需要明确，创造品牌挚爱是不是公司渴望达到的真正的终极目标。我们认为答案是否定的。虽然品牌挚爱对于建立密切的顾客关系至关重要，但它本身并不足以在长时间内维持顾客关系。要想创造亲密且持久的顾客关系，Windows需要超越品牌挚爱。就像世界上最成功的那些品牌，它需要变得受人崇拜。本书的根本目的在于探究什么是品牌崇拜，如何建立品牌崇拜，如何强化品牌崇拜，以及如何持续延用品牌崇拜，从而为公司和消费者创造最大的利益。为什么这些问题如此重要呢？让我们一起去探索品牌对公司和消费者的价值所在吧！

第1章 品牌崇拜为何重要？

品牌价值

根据美国市场营销学会的定义，品牌是一个"名称、术语、标记、符号和/或设计，用于识别某个或某群销售者的产品与服务，并使之同竞争对手的产品和服务区别开来"。不过，我们认为品牌不仅仅是一个用于识别和区分的名称，只有当品牌能够提供价值的时候，识别一个品牌并且使它与竞争者区分开来才有意义。我们将品牌定义为"一个与消费者和品牌拥有者价值相关的名称"。如果没有人愿意购买这个品牌，这个名称就没有太多的市场关联度，这样的品牌也就无法为公司或顾客提供任何价值。那么，何谓品牌为顾客和公司创造价值呢？让我们首先来思考一下品牌对公司的价值是什么吧！

对公司的价值

令人惊讶的是，我们如此多地关注品牌作为识别者和市场区分者的角色，却忽视了品牌能为公司提供重大的、真正的和战略性的利益。其实，这些利益种类繁多且十分重要，如表1-1（和图1-1，参见本章下文）所示。

收入的创造者

受人崇拜的品牌不仅能够提高顾客的忠诚度，还有助于吸引新顾客，从而提高品牌收益。虽然生产软饮料不是很复杂的事，但是新进入者发现，加入这个市场进行竞争将会面临难以想象的困难，因为大部分消费者都已经对某个特定的软饮料品牌形成了强烈、持久的偏好。并且，这一点在全世界都适用！同时，强势品牌也能够降低消费者的价格敏感度，使公司可以以更高价格销售产品。试想一下，麦肯锡公司和高盛投资集团这样的品牌是怎样在市场上获取溢价的。

表 1-1　受人崇拜的品牌对公司的价值

价值类型	什么样的品牌是受人崇拜的品牌
收入的创造者	受人崇拜的品牌能够提高顾客忠诚度，并有助于吸引新顾客
成本效益的提升者	受人崇拜的品牌是非常受欢迎的，这使得公司能够利用规模经济效应，享受成本节约型顾客的品牌忠诚和拥护品牌的行为
增长的促进者	受人崇拜的品牌能够促进该品牌成功地延伸到其他市场和产品上
人力资本的建设者	受人崇拜的品牌有助于招聘和留住人才，而他们最终决定了公司在市场上的成败
员工士气的助推者	受人崇拜的品牌能够激励员工维护和强化品牌
二次机会的提供者	受人崇拜的品牌能使顾客愿意原谅公司犯下的错误
市场的捍卫者	受人崇拜的品牌可以作为阻止未来竞争者进入的壁垒
战略联盟的推动者	受人崇拜的品牌可以推动公司与那些理想的、实力雄厚的外部伙伴结成战略联盟
资产的构建者	受人崇拜的品牌能够提高公司的市场价值，并且能够允许公司在品牌销售当中获取溢价

成本效益的提升者

受人崇拜的品牌是非常受欢迎的，这使得公司能够实现规模经济。强势品牌能创造积极的口碑，顾客会替品牌做宣传，这有助于降低营销成本，从而提高营销效率。事实上，一些品牌在市场上的成功完全得益于良好的口碑，如乔氏超市[①]就是一个很好的例子。想想消费者讲述的那些只能在乔氏超市买到独特产品的故事。作为一家科技企业，中国的小米公司在品牌宣传推广活动中完全依赖于它的品牌社群和粉丝口碑。或者，回想一下经久不衰的巴塔哥尼亚[②]夹克带给消费者的自豪感，以及消费者所分享的有关这个品牌夹克的故事。由于广告和促销成本通常会消耗公司的大部分预算，因此基

---

① 乔氏超市：Trader Joe's，美国一家私营的连锁杂货店，以销售自有品牌的高端有机食品及其他杂货而著称。——译者注

② 巴塔哥尼亚：Patagonia，世界顶级户外奢侈品牌。——译者注

于粉丝的口碑传播能够在很大程度上提升成本效益。

增长的促进者

受人崇拜的品牌能够被企业充分利用和延伸,从而在新的产品类别或市场类别中实现增长和创造收入。借助现有的受人崇拜的品牌,通过产品和品牌延伸,公司更容易获得增长,并提升增长的效率。这样的延伸有利于公司的全面发展。甲骨文公司的发展就得益于将品牌延伸到了云计算和移动解决方案的组合上。苹果公司的品牌延伸使得其市值从 2006 年的 193 亿美元猛增到 2015 年 12 月的 2340 亿美元。

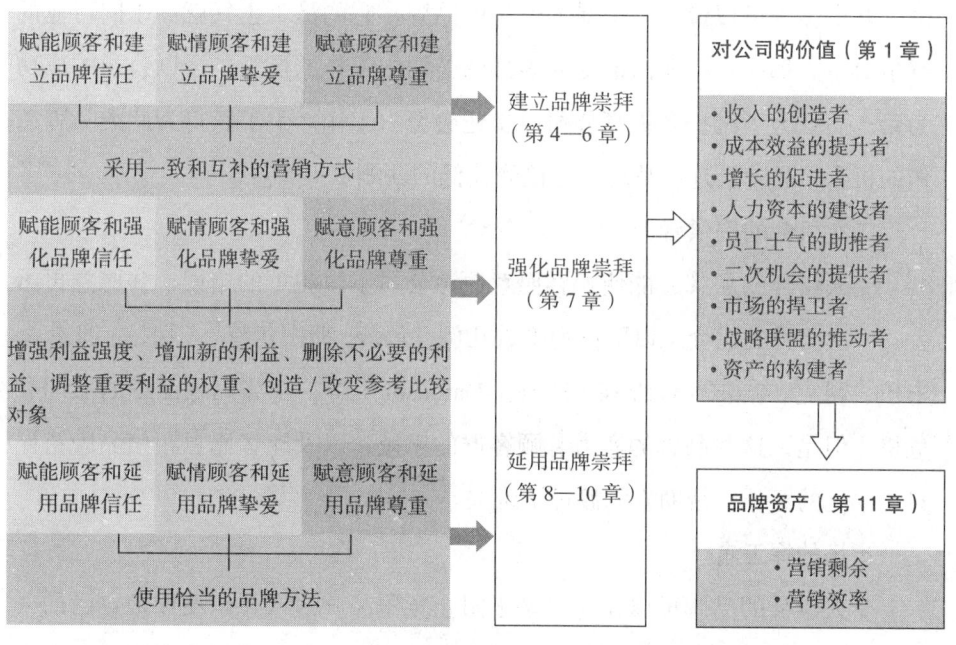

图 1-1　品牌崇拜管理系统

人力资本的建设者

受人崇拜的品牌有助于招聘和留住人才，而他们最终决定了企业在市场上的成败。对于一个企业而言，人才是最难被竞争者复制的核心竞争力。想想谷歌公司和特斯拉公司吸引顶尖人才的能力。受人崇拜的品牌为这些企业的各级岗位都吸引了顶尖人才。

员工士气的助推者

受人崇拜的品牌还会激励员工维护和强化品牌。与其他企业的员工相比，拥有受人崇拜的品牌的企业，其员工会更加投入地培育顾客。为什么呢？因为他们信任这个品牌，并以自己为品牌的发展付出的努力而感到自豪。好市多[①]可以说是一个受人崇拜的品牌，它的员工士气就高于同行业的竞争对手。那些在行业内最受人崇拜的公司中工作的员工，会以公司的成功为荣，而且为了维护和提高公司声誉还会努力工作。为了获得为此类品牌工作的机会，品牌管理者甚至愿意接受较低的薪酬。

二次机会的提供者

受人崇拜的品牌还能使顾客愿意原谅公司不慎犯下的错误，并愿意再给公司一次弥补的机会。以下仅列少数几例。玛莎·斯图尔特[②]、保拉·迪恩[③]、丰田、耐克和哈雷-戴维森（Harley-Davidson）等，都曾陷入品牌的丑闻和危机。但是，这些品牌的实力、顾客群的忠诚，以及顾客愿意相信品牌错误只是罕见的意外，帮助它们渡过了难关。

市场的捍卫者

受人崇拜的品牌可以作为壁垒来阻止竞争品牌进入，以便保护自己的公司。顾客不愿意用新品牌代替其所崇拜的品牌，除非这个新品牌能够提供令

[①] 好市多：Costco，全世界销售量最大的连锁会员制仓储批发卖场。——译者注
[②] 玛莎·斯图尔特：Martha Stewart，美国家庭用品公司。——译者注
[③] 保拉·迪恩：Paula Deen，美国著名厨师，烹饪节目主持人。——译者注

人难以抗拒的利益。顾客对所崇拜的品牌非常熟悉，对品牌的了解和体验使顾客感觉舒适，充满感情，因而不愿意在全新的、没尝试过的品牌上投入。经验表明，虽然很多公司可以生产运动服、玩具和数据库，但它们仍然无法与耐克、乐高和IBM相抗衡。

战略联盟的推动者

受人崇拜的品牌有助于公司与那些理想的、实力雄厚的外部伙伴结成战略联盟。战略联盟不仅可以利用品牌崇拜，还可以进一步提升品牌崇拜的程度。战略联盟可以使企业在避免大规模投资的情况下进入新市场并获得相应的收入。苹果和三星吸引伙伴的能力就是一个实例，因为其他公司非常崇拜这些品牌。最近的战略联盟案例还有宝马和路易威登、苹果支付和万事达卡、Spotify[①]和优步等。

资产的构建者

最后，受人崇拜的品牌之所以能产生更多的投资者回报，是因为投资者在做出投资决策时会更加关注这些受人崇拜的品牌。这使得企业市值远高于其账面价值。这也可以用来解释万达集团为什么要耗资6.5亿美元收购铁人三项赛事品牌。铁人三项赛事品牌负责组织、推广和审批全世界的铁人三项赛，铁人三项赛由2.4英里（1英里≈1.6千米）游泳、112英里自行车和26.2英里长跑（全程马拉松）组成。有些参加者在完成这项魔鬼式的、令人筋疲力竭的赛事后，会将铁人三项标志文在身上。

一个关键的问题是：如果受人崇拜的品牌能为企业提供方方面面的价值，那么，企业如何才能建立一个受人崇拜的品牌呢？回答这个问题既简单又复杂。简单的回答是：如果无法为顾客提供价值，企业就无法获得这些各种各样的、具有重大价值的利益。复杂一点的回答是：营销领域尚未在"顾

---

① Spotify：全球最大的正版流媒体音乐服务平台，总部设在瑞典。——译者注

客真正需要什么"这一问题上形成令人信服的观点，我们的品牌崇拜框架正是从这一视角切入的。

对顾客的价值

为了给企业创造价值，品牌必须先为顾客提供价值。那么企业怎样才能使品牌对顾客有价值呢？

价值来自于产品创新吗？

有些学者认为，品牌的成功依赖于创造一个没有竞争的市场空间。或者我们常听人说，关键是要创造一个"杀手级应用"。但什么是一个"杀手级应用"？在如今信息丰富的经济时代，顾客能充分了解产品的信息。这样一来，品牌只能在产品质量和价格上展开竞争。相应地，顾客和品牌的关系就基于经济上的权衡，所得（品牌质量）和所失（支付的价格）是相当的。一种观点认为，由于在产品质量和价格上存在过度比较的趋势，企业必须专注于产品创新，以便重塑产业边界和创造新的竞争机会。这种说法有一定道理。在当今市场上，产品创新对品牌的成功显然是十分重要的。

价值来自能提供幸福感的利益（3E）

然而，拥有一个创新的产品只能部分地帮助企业在竞争中获胜。几十年的消费者行为研究表明，购买决策不完全基于经济上的权衡，顾客对品牌的选择大多取决于对品牌为顾客做了什么的感知。或者说，品牌的竞争并不在纯粹的经济层面，而是它们提供的利益在多大程度上让顾客感到幸福。很明显，顾客不会在不值得买单的品牌上投入。事实上，他们真正在寻觅的品牌不仅仅是价廉物美的，而且是能够以一种让顾客体验满意和感觉良好的方式帮助他们去做真正要做和想做的事情的。无论是在生活还是在工作背景下，可以提供这些利益的品牌才能够让顾客感到幸福。

品牌的利益不是指产品的特征，而是顾客通过品牌获取或使用而获得的需要、需求和目标的满足。无论这些人是 B2B 顾客、B2C 顾客、运动和 / 或名人的粉丝，还是非营利组织的营销对象，这一条都适用。我们的顾客价值视角既新颖又简单，具体而言，我们提出了作为人类幸福基础的三大类利益，即为顾客提供赋能利益、赋情利益和赋意利益（见表 1–2）。

表 1–2 一个受人崇拜的品牌对顾客的价值

品牌利益（3E）	对顾客情感和动机的影响
赋能利益	受人崇拜的品牌通过提供问题和困难（无论大小）的解决方案，为顾客节约有限的资源（时间、金钱、精力和体力），从而使顾客获得能力。于是，顾客会感觉有能力、安心、安全、释然和自信
赋情利益	受人崇拜的品牌会通过打动顾客的感官（触觉、视觉、听觉、嗅觉和味觉）、思想和心灵来吸引顾客。于是，顾客会觉得满足、兴奋、沉浸和贴心
赋意利益	受人崇拜的品牌通过使顾客的信念和自我认知（他们是谁、曾经是谁、想要成为谁）保持一致，使顾客的人生被赋予意义。于是，顾客会获得灵感、骄傲感、归属感和存在感

赋能利益

顾客可以从那些使他们获得能力的品牌中发现价值，这些品牌能够解决顾客的问题，消除顾客所面临的障碍，消除挫败感、缓和焦虑感和降低恐惧感，为顾客提供内心的平静。这些利益能够帮助顾客解决大大小小的问题。例如，如何避免胃酸倒流、如何保护家里不被偷盗、如何建立可相互沟通的 IT 系统。品牌作为一个解决方案，使顾客感到有能力去解决生活和工作中所面临的挑战。顾客知道他们可以依赖（和信任）品牌来解决问题，从而减少焦虑感，使得自己能够专注于生活中的其他方面。于是，能力感、自信心和安全感取代了恐惧感和焦虑感。

有些时候，顾客所面临的问题及其解决方案，与他们所拥有的资源（例如金钱、时间、体力和精力）息息相关。品牌能够帮助顾客节约现有的稀缺资源，或帮助他们获取想要得到的新资源。比如，嘉信理财①帮助顾客制订稳妥的退休计划：当人们已经建立了安全网来应对未来生活中的未知波折时，他们会对未来更加有信心。再比如，SAP②帮助组织机构建立流程化作业、减少浪费并简化运营，以获得更大的灵活性和增长潜力。位智③可以为用户在当前位置和目的地之间规划最优路线。

帮助顾客解决问题和节约资源的品牌，让顾客感到有能力、有信心、安心以及安全，从而给顾客带来内心平静。简而言之，顾客迫切需要那些具有赋能利益的产品和服务。他们希望生活中多一点安全感和效能感，少一点混乱和压力。

赋情利益

顾客也在寻找对其有吸引力的利益。赋情利益能够刺激顾客的思维、感官和心灵。它用娱乐取代工作，用开心取代烦恼，用兴奋取代无聊，用温暖和乐趣取代悲伤。不管是B2B还是B2C环境中的顾客，他们都希望感受到喜悦、沉浸、兴奋、有趣、愉快和贴心。例如，他们喜欢有趣而悦目的营销内容和网页，以及能够唤起情感的广告。他们希望感受到品牌及其员工的关心照顾，也希望企业的办公室和零售场所温暖、舒适、有吸引力，并与友善和乐于助人的企业员工进行互动。

迪士尼集中体现了愉悦感官和温暖心灵的赋情利益。迪士尼每天为成千上万的儿童（和成人）创造奇迹，公园顾客的赋情利益体验来自魔幻王国、刺激的游乐设施、看到米奇和布鲁托时的喜悦，以及耀眼的烟火表演和巡游。赋情利益也解释了Hello Kitty品牌的成功，否则我们要如何解释这个看

---

① 嘉信理财：Schwab，全称Charles Schwab，是美国最大的金融服务公司之一。——译者注
② SAP：总部位于德国，是全球最大的企业管理和协同化商务解决方案供应商，世界第三大独立软件供应商，全球第二大云公司。——译者注
③ 位智：Waze，是一个基于社区、提供交通信息与导航服务的导航软件，2013年被谷歌收购。——译者注

起来略带畸形的无嘴猫为什么能够捕获孩子们甚至成年人的忠心呢？Hello Kitty 给顾客带来的愉悦感官和温暖心灵等利益难以言表，迷恋它的顾客根本离不开这个品牌。在这个品牌面世后的 40 年间，超过 5 万件商品以 Hello Kitty 品牌命名，而顾客对这个品牌的兴趣和感情依然高涨。

赋意利益

最后，顾客寻找那些丰富自己并强化自我认知的利益。顾客希望感觉到自己是个好人，在为世界做好事。他们希望自己的行为能够与心中的信念和希望一致，同时，也希望感受到自己作为群体的一部分，受到其他人的接纳和尊重。无论是现在还是将来，顾客都希望得到激励，成为最好的人。他们还想为自己的身份和故乡感到自豪。赋意利益为顾客提供人生意义。如果没有人生意义，人们会感到挫败，会认为生命毫无价值。赋意利益让顾客找到灵感、自豪感、归属感和存在感，驱使人们做出有益的、值得自豪的、勇敢的行为，并找回真实的自己。

Salesforce 不仅仅是一家云计算技术公司，它在用简易而悦目的方式为各类企业提供服务的同时，还希望让世界变得更美好。它不仅为非营利组织和高等教育机构等顾客提供支持，而且还提供了超过 5300 万美元的慈善捐款。Salesforce 的员工在慈善组织进行志愿者工作的时间累计超过 100 万小时。顾客认为，如果使用 Salesforce 的产品，他们也在尽一份力让世界变得更美好，无论是对当地还是全球而言。

三类利益（3E）的指数级影响

我们将赋能利益、赋情利益和赋意利益简称为"3E"。总体来看，这三类利益对于提升顾客的幸福感有指数级的影响。我们认为，大部分受人崇拜的品牌可以同时提供上述三种利益，进而提升顾客的幸福感，它们比其他品牌更能使顾客感到幸福。这三类利益与所有的人类动机理论和大量积极情绪研究直接相关。我们研究的一个核心发现是，品牌在一类利益上的卓越表现，并不能弥补在其他两类利益上的缺失。也就是说，三类利益对品牌崇拜有指数级的影响，三者是乘法关系而非加法关系。三者之间的交互（指数）效应不可忽视（如表1-3所示）。

让我们举例说明三类利益（3E）的作用。毫无疑问，哈雷的顾客认为这个品牌在合理价格上提供了高质量的产品，但是这个逻辑无法解释顾客如何与该品牌产生共鸣。哈雷的顾客之所以愿意投入时间、金钱和个人声誉，是因为该品牌从各个层面让他们感到幸福。产品的机械装置提供了令人激动和兴奋的驾驶体验（赋情利益）。顾客在驾驶哈雷摩托车时体验到了安全感和控制感（赋能利益）。产品的其他饰品（例如夹克）是哈雷品牌社群成员的身份象征，这种如兄弟姐妹般的归属感使顾客为自己的会员身份感到自豪。加入哈雷品牌社群使顾客产生了归属感，给予顾客在从菜鸟到专家的成长过程中逐渐获得他人尊重的机会。事实上，哈雷的品牌象征着独立、自主和自由，激励着顾客并让他们感受到最真实的自我，以及自己是谁（赋意利益）。第2章将讲述更多的案例，阐述品牌如何通过提供三类利益持续为顾客创造价值。

表1-3 三类利益（3E）的指数级影响

加法关系和乘法关系的巨大差异	
加法关系	8＋8＋8＝24
乘法关系	8×8×8＝512

品牌崇拜的管理系统

受人崇拜的品牌对公司和顾客的价值为品牌崇拜管理系统的构建奠定了基础，如图1-1所示。

3E和品牌崇拜

让我们首先假定受人崇拜的品牌能够为公司提供价值，图 1-1 的右侧部分列举了相关价值。当品牌能够为顾客提供价值（即赋能利益、赋情利益、赋意利益）时，公司能够享受这些品牌的"产出"。当品牌能够为顾客提供这三种类型的利益，并让顾客感觉到有能力、满意和受到鼓舞时，顾客才会想要与这个品牌建立长期关系。当一个品牌能够提供这三种利益时，顾客才会信任、挚爱并尊重这个品牌，简而言之，顾客才会崇拜它。本书的第 3 章将更细致地讨论 3E 和品牌崇拜，并对这些概念给出正式定义。正如我们在后续的章节中所阐述的，培育品牌崇拜并不完全等同于培育品牌挚爱，而是同时培育品牌信任、品牌挚爱和品牌尊重。这三个要素发源于 3E，它们的交互作用共同影响品牌崇拜。它们是驱动长期品牌关系的关键。

建立品牌崇拜

一个新的品牌需要通过建立品牌崇拜使自己在市场中立足，这可以通过向顾客提供赋能利益、赋情利益和赋意利益来实现。向顾客提供上述利益可以形成构建品牌崇拜的三个条件：品牌信任、品牌挚爱和品牌尊重。第 4 章提出，如果一个公司想要在顾客中建立品牌崇拜，必须先从在公司员工中建立品牌崇拜开始。作为公司和市场之间的关键中介，员工（内部顾客）必须能够展现品牌的愿景，呈现这三种利益，并让自己感受到品牌的赋能利益、赋情利益和赋意利益。第 5 章将探讨公司在外部顾客中建立品牌崇拜所必须做出的战略决策，特别是当公司制定定位宣言，以便与目标顾客沟通并向其传递品牌认同的时候，必须做出的那些战略决策。第 6 章进一步阐述上述观点，展示特定的营销决策如何提升第一品牌回想，进而加速建立品牌崇拜的过程。

强化品牌崇拜

建立一个受顾客崇拜的品牌是一项了不起的成就。然而，市场是持续变化的。一旦品牌崇拜开始衰退，公司在建立品牌崇拜的过程中所投入的资源将很难得到弥补。为了给公司和顾客创造长期价值，一个品牌不仅要建立品牌崇拜，还要随着时间的推移不断地强化品牌崇拜。市场竞争要求品牌经理必须持续地发现那些能够优化品牌的机会。一个品牌必须不断地改进顾客的赋能利益、赋情利益和赋意利益。如果公司能做到这些，顾客就能意识到品牌持续地给他们带来幸福，从而心生感激。第7章描述了公司能够用来强化品牌崇拜的不同策略，包括：（1）提升现有利益的强度；（2）增加新的利益；（3）去掉不必要的利益；（4）调整现有利益的重要性权重；（5）创造/改变品牌现有的参考比较对象。

延用品牌崇拜

品牌拥有者越能培育品牌崇拜，他们就越能更好地延用品牌崇拜，从产品和品牌的延伸中实现品牌的高效增长。通过在新产品上使用原有品牌的名称（即采用品牌延伸），品牌就能实现高效增长。增长之所以高效，是因为顾客更容易接受来自他们所崇拜的品牌的新产品。顾客也能看到品牌与他们的个人及职业生活有着千丝万缕的联系。这种品牌联系的延伸甚至可以强化顾客对品牌的崇拜。第8章和第9章将阐述一些创新观点，包括公司如何延用一个受人崇拜的品牌，以及公司在进行产品和品牌延伸时应该考虑的问题。

品牌架构设计

另一个与延用品牌崇拜相关的议题是品牌架构设计，指的是确保各种与公司相关的产品和业务能够整体一致地呈现在市场中的过程。第10章将探

第1章 品牌崇拜为何重要？

讨一个品牌架构设计的理论结构，该结构识别五种不同的品牌层级，展示八种不同的品牌化方法。这个结构和三个关键评价标准可以作为公司评估和选择最优品牌架构设计的参照。

品牌资产

品牌对公司的价值表现为品牌资产。品牌资产是一个反映品牌对品牌持有者（即公司）经济价值的财务指标，其基础是公司在建立、强化、延用顾客品牌崇拜方面所付出的努力。第11章将为品牌资产提供一个新颖、有用、翔实的度量模型。品牌资产度量基于三个关键变量，反映了顾客对品牌崇拜的强度和营销人员为建立（强化或延用）品牌所付出的努力。这三个变量包括：（1）品牌的单位价格；（2）品牌的销售量；（3）为实现总收入所花费的营销成本。这些指标具备理论基础，可靠且容易操作，可以用于不同品牌之间（竞争品牌或非直接竞争品牌）的品牌资产比较，也可以对同一个品牌在不同时间段的品牌资产进行比较。

品牌崇拜仪表盘指标

最后，我们的品牌崇拜管理系统会清晰地提出一些额外的指标来度量品牌的成功，而不管公司是否正在建立、强化和延用品牌崇拜。如果缺乏有效的指标，将很难评估一个品牌的总体经营情况以及相较于竞争对手的表现情况，也很难理解是什么因素驱动了现有的品牌资产。这些指标可以帮助公司诊断哪里出了致命问题，以及如何纠正这些问题。因此，品牌崇拜管理系统的一个重要方面是：如何使用一个具有洞察导向的品牌崇拜仪表盘。这个仪表盘与品牌崇拜管理系统的各个组成部分密切相关，第12章将对此进行深入讨论。品牌崇拜仪表盘相关的数据很容易搜集，并且仪表盘上的数据可以很清晰地反映品牌目前如何运作、是什么因素导致了绩效的好坏以及下一步应该如何应对。同时我们坚信，品牌管理者将发现，品牌崇拜仪表盘特别有助于理解为什么品牌能够（或不能够）向公司和顾客提供价值。最后，我们邀请你一起加入建立、强化和延用品牌崇拜的征程。

现在让我们开启这段征程吧！

第 2 章
品牌崇拜的实例

品牌化看似是基本常识，实际上与我们的直觉差异很大。

引言

耐克作为一个时尚的运动品牌，其和普通服装的竞争与可乐和水的竞争类似。然而，自1964年创立以来，耐克已经成为世界上最受人崇拜、价值最高的品牌之一。它被顾客信任、挚爱和尊重，以至于顾客不仅仅想在运动时穿上耐克的产品，也希望把耐克融入日常生活中。毋庸置疑，耐克的努力已经产生了巨大的品牌资产。事实上，耐克已经实现了品牌崇拜管理系统中品牌价值的所有要素。耐克在世界范围内的销售额估计已超过300亿美元，市值超过了1000亿美元。耐克吸引了顶尖人才，他们对品牌的贡献渗透到了产品创新和对线上线下顾客支持的热情中。耐克有一个振奋人心的使命，即"把灵感和创新带给世界上的每一位运动员"。尽管也遭遇过品牌危机，例如曾经被指责使用血汗工厂的劳工，但是耐克还是能够从这些企业违规事件中全身而退。

耐克的成长不仅在于能对其核心产品"运动鞋"建立和强化崇拜感，还在于它能够通过引入其他带有耐克品牌名称的产品来延用品牌崇拜。耐克的联合创始人比尔·鲍尔曼把运动员定义为"任何一个有身体的人"。这种泛化目标市场的观念让耐克和各种运动项目（跑步、网球、高尔夫、板球等）和运动装备（衣服、包、眼镜、数字设备等）紧密联系在一起。确实，耐克已经嵌入到"任何一个有身体的人"生活的方方面面，其品牌也从运动领域延伸到日常生活中（休闲装、饰品）。作为一个拥有强大品牌资产且深受崇拜的品牌，耐克还通过与其他强势品牌（如迈克尔·乔丹、苹果和日本时装品牌 Sacai[①]）建立战略联盟获得增长。

然而，从根本上来说，耐克品牌的财务价值来源于它向消费者提供的价值。消费者崇拜这个品牌是因为它提供了赋能利益、赋情利益和赋意利益，这使得消费者信任、挚爱并尊重它。这些利益及其产生的情感是品牌崇拜管理系统的核心。

从赋能利益的视角来看，耐克帮助了那些追求功能利益的消费者，它坚持不懈地追求创新以提升产品的运动性能。专业和业余运动员都相信耐克可以持续有效地帮助他们最大限度地提高运动成绩。不同的鞋子和衣服适用于不同的运动项目，这能确保这一品牌在提供运动利益时具有多功能性。耐克的产品以研究为驱动，让消费者感到放心，因为他们知道这些产品设计能保护他们免受伤痛或不适。耐克产品能够为消费者提供最大程度的支持，使其消耗的体能最小化，进而达到运动技能的巅峰。消费者知道，无论何时何地，耐克这个品牌是值得信任的，当使用耐克产品时，他们觉得充满了能量。

---

① Sacai：日本的小众时装品牌，由设计师 Chitose Abe 在 1999 年创立。——译者注

第 2 章 品牌崇拜的实例

从赋情利益的视角来看，消费者喜爱耐克的产品是因为它们好看且让人感觉舒服。耐克明亮、欢快的颜色和产品设计上的舒适感，给无数疲惫的运动者带来愉悦的体验和情感的活力。总的来说，耐克体现了乐趣、身体舒适感和对体育运动的真爱。面料的设计让身体感到柔软、凉爽，它独特的商标引人注目且令人愉悦。赋情利益并不仅仅体现在耐克产品上，耐克门店也提供独特的体验。耐克允许门店的参观者到处跳舞或跳跃，同时用像素墙来记录他们的运动。耐克感人的广告也让其家喻户晓，这些广告歌颂了那些帮助运动员实现潜能的支持者和教练。

从赋意利益的视角来看，消费者尊重这一品牌部分是因为它富有感召力。耐克的宣传口号和商标激励运动员"想做就做"（Just Do It），不要拖延和过分复杂化，"快点行动吧"。通过聘请世界上最伟大的运动员（如迈克尔·乔丹、塞雷娜·威廉姆斯、罗里·麦克罗伊）来代言，耐克鼓励消费者穿上和他们所崇拜的运动员一样的鞋，立志成为和这些运动员一样的人。最后，耐克付出巨大努力把人们团结起来，让他们觉得自己属于一个重视运动和健康的更大社群的一分子。让用户通过使用 APP 来追踪和比较社群内其他人的运动表现，进而对自己所获成绩感到自豪，从而培育了社群驱动的会员身份感。

难怪史蒂夫·乔布斯把耐克称为"世界上的最佳案例和最伟大的营销作品之一"。

概述

第 1 章介绍了品牌崇拜管理系统，表明当品牌向顾客提供强大的价值时，品牌对企业的价值达到最大化。企业价值正是通过长时间的建立、强化和延用品牌崇拜来实现的。品牌崇拜的实现源于向顾客持续提供赋能利益、赋情利益和赋意利益,进而使顾客信任、喜爱和尊重品牌。第2章通过多种方式来阐述上述观点。首先,图1-1的框架不局限于某个品牌,它具有广泛的适用性,适用于B2C市场(耐克)、B2B市场(卡特彼勒)、非营利(服务)市场(美国海军陆战队)和国际市场(韩国圃美多①)等。当然,我们在书中会列举很多例子,目前我们所讨论的例子只是为了厘清品牌崇拜管理系统在各种品牌上的应用。我们重点关注那些经久不衰的品牌,其中一些品牌的历史已经长达一个世纪甚至更久。我们这样做是为了说明品牌崇拜管理系统能帮助回答如下问题:为什么有些品牌会淡出人们的视野,而有些则经久不衰?本章中讨论的每个品牌都享有长期的成功,并且为企业贡献了巨大价值。同时,我们将说明这些品牌是如何通过3E增加对顾客的价值的,以及随着时间推移,企业是如何建立、强化和延用品牌崇拜的。

B2B市场中受崇拜的品牌

通过聚焦于赋能、赋情和赋意利益(以及通过创造品牌信任、挚爱和尊重),品牌崇拜管理系统与B2C市场产生了明显的相关性。但是,品牌崇拜管理系统也同样与B2B市场相关吗?一些品牌专家认为,由于B2B市场与B2C市场存在着一些差异(例如:顾客的数量、购买决策过程以及顾客的产品知识水平等),因此需要一个不同的品牌化方式。我们不同意这种观点。的确,这两类市场需要许多不同的方法和策略,但是,指导这两类市场的战略的基本原理没有什么差异,因为毕竟所有的顾客都是人。企业顾客与消费者一样,都是想买到功能强大、称心和令人鼓舞的产品和服务。不管一个公司拥有顾客的数量是多还是少,每一位顾客都想得到幸福,都想得到赋能、

---

① 圃美多:Pulmuone,简称PMO,韩国最大的食品生产企业之一,主要生产豆制品、果蔬汁、保鲜食品、功能健康食品等。——译者注

赋情和赋意利益,也都想光顾那些他们信任、挚爱以及尊重的企业。现在我们来讨论一家几乎不涉及 B2C 市场,主要在 B2B 市场中竞争的公司——卡特彼勒公司(Caterpillar)。

卡特彼勒公司刚过完 90 岁生日,其产品覆盖 180 多个国家,在建筑材料、采矿设备、工业燃气轮机、柴油发电机机车等产品的制造上已经是世界领导品牌。卡特彼勒公司的成功是卓越的,特别是在全球市场价格战如此残酷的环境中。卡特彼勒公司的一些策略使其在竞争中脱颖而出。

首先,它提供了一些业内最好的、最耐用和最实用的产品。这些赋能利益对于终端用户(如建筑公司)而言是至关重要的,因为它们需要可靠的和值得信赖的设备。卡特彼勒公司还提供了高效的售后服务和支持(如使终端用户的停机期最小化)。最重要的是,它从不绕过经销商去直接向终端用户(建筑公司)销售产品。从这个意义上来说,卡特彼勒公司通过一个透明的、基于信任的销售过程提供了可靠和高质量的产品,从而使用户和经销商获得了能力。

此外,卡特彼勒公司也帮助其独立经销商在各自的业务经营中有利可图。公司的经销商咨询小组使经销商与公司能够实现双向沟通,一方面为卡特彼勒公司在如何改善经营的问题上提供对策和建议,另一方面也使经销商感觉到被赋予了能力。为了体现对经销商的信任,卡特彼勒公司与经销商之间没有那些常见的冗长的法律合同,只有一个简短的 3 页纸的并且没有期限的合同。而且,允许经销商在无任何理由的情况下随时与公司解约,仅需要提前 90 天通知即可。想象一下,这些安排给经销商带来了多大的赋能感和安全感!

卡特彼勒公司还提供了一些令经销商非常满意的赋情利益。由于独立经销商通常属于家族企业,一个令他们头疼的问题是,未来这些业务是否能继续在家族中传承。卡特彼勒公司通过组织会议和社交活动把公司业务介绍给经销商的下一代。这些活动旨在让经销商的下一代对他们的生意产生兴趣，并对他们将来有一天会接管家族生意寄予厚望。这些做法为卡特彼勒公司的经销商提供了一个非常贴心的利益，他们希望业务能够家业长青并且传承给下一代。此外，经销商可以随时约见卡特彼勒公司的 CEO，这充分说明顾客才是公司的老板。

最后，卡特彼勒公司促使世界各地的经销商之间形成了浓厚的友情，提供了赋意利益。经销商们感觉自己是一个亲密无间的社群中的一员，并在为改善世界尽一份力。卡特彼勒公司制造而经销商销售优良机器，真正地支持世界更好地运转。经销商与卡特彼勒公司的合作是他们社会身份认同的一部分。卡特彼勒公司促成的友谊和联系一直在鼓舞着经销商，经销商尊重这个让他们和世界都变得更好的品牌。

卡特彼勒公司已经花费 90 年时间去建立和强化品牌崇拜，与此同时，它也能够延用品牌崇拜提升品牌资产。如今，卡特彼勒公司旗下品牌还有 Cat Financial（为卡特彼勒公司在采购、管理和转卖环节提供融资和服务）和 Cat Reman（主要提供零件维修业务，从而给经销商和终端用户提供更多的维修选择，这些维修同时亦有益于环境）。除卡特彼勒公司之外，品牌崇拜管理系统带来的核心利益同样也体现在其他 B2B 品牌上。

想想纳威司达公司（Navistar），一个卡车和公共汽车制造行业的领导品牌。3E 理论同样可以描述该公司是如何为它的大型卡车设计的。大型卡车不仅仅是一辆卡车，在其驾驶室之上有一个小隔间，司机可以在里面吃饭、睡觉、换衣服、工作和休息。多数卡车只提供了极为简单且毫无吸引力的空间，一定程度上导致了较高的司机流失率。纳威司达公司则另辟蹊径，打造了让司机感到极其舒适的隔间。隔间里面的很多地方都使用了铬合金（很多卡车司机都喜欢铬合金）和实木地板。同时，这个隔间还配有 7 声道的季风音响系统和电视。除了这些赋情利益外，纳威司达公司还提供了一些赋能利益。它有非常舒适和有效的内部设施，如隐藏床、储存食物的小厨房、微波炉、电冰箱和舱顶储物箱等。此外，它还提供了赋意利益。纳威司达公司的卡车司机觉得自己是这个卡车爱好者社群的成员，为其专业卡车司机的身份感到自豪。

非营利（服务）市场上受崇拜的品牌

到目前为止，我们已经讨论了营利性品牌。一个与上述截然不同的品牌是美国海军陆战队，它是一个效力于国家的非营利性品牌，很多年轻人渴望加入美国海军陆战队。和我们刚才描述的品牌类似，美国海军陆战队凭借其在赋能、赋情和赋意利益上的优势成为受人崇拜的品牌。

自1775年建立以来，美国海军陆战队的使命始终不变：服务国家、争取独立、保护美国免受伤害以及捍卫自由。海军陆战队为那些立志参军的人提供强大的赋能利益。新兵知道海军陆战队队员要经过最严格的训练，这可以让他们做好准备，以免遭受战争和社会动荡之害。美国海军陆战队会使用世界上最先进和科技含量最高的设备来降低新兵们的焦虑感，并为他们提供身体上的保障。同时，美国海军陆战队还会提供其他的赋能利益，包括医疗、住房以及退役期的教育福利等。通过这种方式，海军陆战队在美国花费最高的项目上（医疗、住房和教育）为队员提供了资金支持。这些福利使士兵们感觉被赋予能力去做那些在战场上和生活中需要做的事情。

从赋情利益角度来看，美国海军陆战队的队徽由金色的鹰、地球和锚三个元素组成，给人强大的视觉满足感。同时，与其他制服相比，美国海军陆战队的制服投入使用的时间更长，并且很容易被区分开来。蓝色海军服（或者普通的蓝色制服）是一种在视觉上很精致的正式制服，它相当于普通民众的带有黑色领结的着装。作为海军陆战队队员，每年享有30天的带薪假期。

此外，还有很多其他福利，包括令人兴奋的环球旅行机会、在美国大使馆或领事馆执行任务以及到全世界感受不同的文化等。美国海军陆战队的赋情利益进一步加强了新兵们对这个品牌的热爱。

作为一个精英团队，美国海军陆战队提供了大量的赋意利益。只有那些愿意并能够接受痛苦的训练和敢于冒险的人，以及那些以能够为国家效力而感到自豪的人才能成为美国海军陆战队的成员。美国海军陆战队的口号是：我们是精英，我们是骄傲，我们是海军陆战队！这体现了队员对自己作为海军陆战队一员的强烈自豪感。同时，这个口号也引发了全美国年轻人的深深共鸣。美国海军陆战队进行的各种严格训练都会对士兵们产生变革性的影响。一旦接受了训练，士兵们就觉得必须坚持到底。同时，他们也会觉得自己正变得独特、强大和勇敢，足以克服自身的恐惧和弱点，以保持最佳的战斗状态。接受训练后的新兵们与之前判若两人。训练后，他们将成为有能力、无所畏惧、强大和永远忠诚的精英！这些品质使美国海军陆战队有别于其他军事服务组织。海军陆战队制服是唯一有美国国旗全部三种颜色的军队制服，它象征着自豪、爱国主义以及强大能力。男女青年为成为美国海军陆战队一员而感到自豪。

国际市场上受崇拜的品牌

品牌崇拜管理系统也同样适用于国际市场的品牌。例如，韩国人喜爱、信任并尊重的一个不同寻常的食品公司是圃美多。在韩国人（和美国人）尚不熟悉"有机"这个概念时，圃美多就引进了有机食品。它坚定不移地专注于有机食品，使其成为韩国食品制造商（其中不乏世界知名食品企业）中最受消费者信任、挚爱和尊重的品牌之一。自1984年成立以来，圃美多就通过销售有机的、天然的食品，致力于达到人与自然的和谐相处。它的公司使命是让消费者以选择"正确"的食物而自豪。在董事长南承佑和总裁李孝烈的领导与组织下,圃美多已经采取了一系列创新举措,目的在于带给韩国消费者赋能、赋情和赋意利益,激发消费者的积极情绪并建立品牌信任、品牌挚爱和品牌尊重。

公司拒绝使用人工或化学材料,例如提味剂、防腐剂和人工色素等。它始终严格遵从七项"正确食物准则"。产品采购之后立即用冷藏配送系统来保持产品新鲜。在2007年,圃美多采取了一项新措施,禁止在其食品中使用转基因成分。例如,鸡蛋必须采购自那些已经通过动物福利认证的供应方。最近,圃美多引入了供应链跟踪系统,使消费者能够看到关键产品成分的产地来源。这些赋能利益让顾客觉得更加安全,对自己吃进肚子里的东西感到放心,同时建立了品牌信任。圃美多的产品、购物袋设计和它的公司标志都较为独特且富有吸引力,同时其广告和宣传资料都清晰且明确地强调了干净、新鲜和天然的特征。最近,执行董事金贤重为"正确食物"的口号创作了儿歌和舞蹈。这套歌舞在韩国消费者中很受欢迎而且使人着迷,很少有这样的企业公益歌曲让孩子们觉得如此有趣并衷心热爱。这些赋情利益增强了消费者的情感体验,同时建立了品牌挚爱。最后,它的宣传口号"为家庭提供正确的食物"不仅成了员工的理念,而且融合了每个韩国人都认同的保持家庭健康的价值观。这些赋意利益驱使父母去做对家庭最有益的事,它们创造出品牌价值观与顾客价值观相吻合的强烈感觉,从而建立起品牌尊重。

品牌类型

品牌崇拜并不是非有即无的状态,它是品牌所处的不同程度的状态。最终的目标是让你的品牌尽可能被高度崇拜,或至少让你的品牌比现在更受崇拜,当然你无疑想比竞争品牌获得更高的崇拜。我们用图2–1来重申这个观

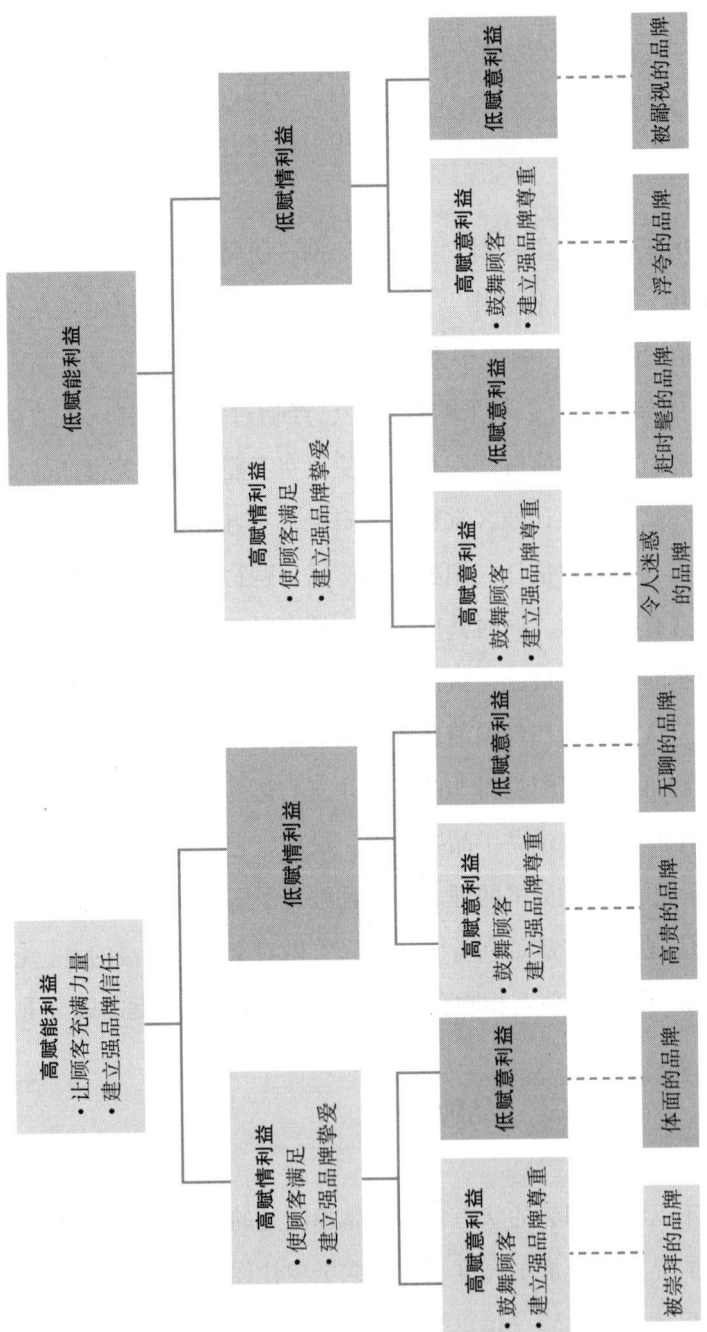

图 2-1 不同类型的利益、不同类型的品牌

点：一个品牌提供越多赋能、赋情和赋意利益，就越能让顾客产生强大的积极情绪，也会变得更加值得顾客信任、挚爱和尊重。三种利益交织在一起，对品牌崇拜产生指数级的影响。

受人崇拜的品牌

你的品牌越能让顾客感觉到赋能、赋情和赋意，越能激起他们积极的情绪，并建立他们对品牌的信任、喜爱和尊重，品牌就会越受崇拜。受人崇拜的品牌最有机会获得持久、健康的发展。如果你的品牌缺少了品牌崇拜的三个组成部分中的任何一个，那么就不会成为一个被强烈崇拜的品牌。正如第1章讨论的，苹果公司无疑是近年来最成功的品牌之一，它通过给顾客提供赋能、赋情和赋意利益，成为受人崇拜的品牌。

第一，苹果公司在提供赋能利益方面无疑是一个典范。虽然苹果公司的产品是高科技产品，但是顾客可以很容易地学习和使用它们。其中最著名的一键式解决方案和直观的界面，使顾客觉得这个令人生畏的高科技产品非常友好。苹果公司的产品通过统一的操作系统进行产品间的信息"共享"，使顾客能够非常容易地把信息从一个苹果产品（例如Mac）无缝转移到另一个苹果产品（例如iPhone）。

第二，在赋情利益上，苹果产品与其他科技产品存在显著差异，特别是产品设计。的确，对乔布斯来说，视觉设计与产品开发中的技术革新同等重要。按键和屏幕的设计，甚至连被咬了一口的苹果标志本身都让顾客对苹果公司的产品心生向往。苹果体验店借助视觉上的简洁性和线条感构建了一个温馨且有吸引力的环境，让顾客可以在其中体验任何一款苹果产品。

第三，苹果公司提供了强大的赋意利益。它同顾客的自我对话，告诉他们要"非同凡想"。苹果产品一度成为一种身份的象征，人们把自己定义为Mac用户，而不是个人电脑用户。用户觉得自己很酷，而且对于自己是苹果公司的粉丝感到自豪。Mac用户会觉得自己思想更开放、更年轻和更时尚。苹果"非同凡想"的广告向人们展示了一个反传统的思想者形象（例如圣雄甘地、爱因斯坦、拳王阿里和约翰·列侬）。这让顾客觉得自己也是这样的人，也能在某一天改变世界。没有哪一种产品能像苹果公司的产品那样深深嵌入顾客生活中的各个方面，并受到如此尊重。

不受人崇拜的品牌

顾客会对不受人崇拜的品牌给出不同评价。如图2-1所示，这些品牌可能被称为体面的、高贵的、无聊的、令人迷惑的、赶时髦的、浮夸的甚至是被鄙视的。这些品牌不能提供赋能利益、赋情利益或赋意利益当中的一个或多个。它们不能像受人崇拜的品牌那样得到顾客的信任、挚爱和尊重。被鄙视的品牌与受崇拜的品牌正好相反，顾客对它们不仅仅是漠不关心，而且还极力躲避它们并且对它们恶语相向。我们并不认为一个不受崇拜的品牌就无利可图，即使是一个被鄙视的品牌，也能通过完美的生产和经营效率优势在短时间内获利，特别是在没有替代品可以选择的情况下。但这些品牌经不住时间的考验，除非它能够向顾客提供重要价值并让他们感到幸福，否则很难长期存活、进入新的市场或拥有强大的品牌资产。

关键知识点

1. 在许多不同的行业，受人崇拜的品牌在提供赋能、赋情和赋意利益上具有共同之处，从而为顾客带来积极的情绪，并建立品牌信任、品牌挚爱和品牌尊重。

2. 从长期来看，这些品牌可以通过持续的努力来优化自己的竞争优势，从而为顾客提供利益（为顾客创造价值），以此建立、强化和延用品牌崇拜。

3. 赋能利益可以为顾客解决问题、节约稀缺资源，让顾客感觉充满了力量，并获得控制感、安全感、自信心和释然。顾客信任那些可以长期帮助他们解决问题和节约资源的品牌。

4. 赋情利益能够激发顾客的感觉、思想和心灵。这种利益可以让顾客感觉到满意、沉浸、欢乐、乐观和／或贴心。一个品牌能提供的赋情利益越多，爱上这个品牌的顾客就越多。

5. 赋意利益能够反映顾客对美好未来的信念和希望。它们也可以象征一个人的个人形象、社会地位或受到他人的尊重以及他所属的群体。品牌的这种利益让顾客感觉受到鼓舞、自豪、认可和有影响力。顾客尊重那些与他们的信仰和希望一致的品牌，他们同样尊重那些帮他们与支持者建立联结的品牌。

6. 随着时间的推移，坚持不懈地重视这些利益的品牌已经成功地在数十年、数代甚至一个多世纪的时间里茁壮成长。

你的品牌如何？

1. 你的品牌只关注一个类型的利益吗？还是同时考虑赋能、赋情和赋意三种利益呢？每种类型的利益表现如何？如果你觉得品牌很难差异化，你可以从耐克和卡特彼勒品牌的案例中学习该怎么做。

2. 如果你的品牌已经完全可以和竞争品牌区分开来，那么这种差异性与三种类型的利益及其唤醒的情感是否有关？如果你尝试用3E进行品牌差异化，那么你的品牌究竟应该如何与竞争品牌一较高低？

3. 你的顾客如何描述你的品牌？是受人崇拜的吗？是赶时髦的吗？是体面的吗？

第 3 章
品牌崇拜背后的科学

奥秘在于了解如何让你的品牌受人崇拜。

引言

《星球大战》(*The Star Wars*)这个品牌非常善于建立和维持与顾客间的牢固关系。电影《星球大战》最初在 1977 年上映,是一部既使人着迷又温暖人心(赋情)的电影。电影中生动的视觉、声音和特效把观众带到一个充满了奇异生物、星球和宇宙飞船的奇妙世界,让观众感到震撼。可爱的机器人(如 R2D2)和有趣的外星生物给原本沉闷的故事增添了诙谐感。这部电影的主人公天行者卢克(Luke Skywalker),不断强化鼓舞人心的信念和希望(即弃恶扬善、忠诚、勇敢、正义、自由,以及坚持梦想),从而让观众充满力量。卢克就像我们心目中的英雄,让我们强烈渴望去做那些有利于个人和集体的好事。在卢克身边的是他的圣贤导师兼绝地武士——奥比-万·科诺比，他赋予了卢克能力并强化了他的信念，即持续的努力终有回报，驱使他承担艰巨的任务、克服困难与障碍。卢克体现了我们的另一面，即努力具备接受新挑战的能力，从而使我们的世界变得更加和平而美好。

概述

我们看到了那些非常成功的品牌，忠实的粉丝把他们的时间、金钱和声誉投入他们所崇拜的品牌中。卡特彼勒的独立经销商与其建立了非常密切的关系，平均合作时间超过了50年！顾客愿意花几个小时的时间排队等待购买最新（并且昂贵）的苹果iPhone或三星Galaxy手机。此外，有些顾客欣然以品牌捍卫者的身份为他们所崇拜的品牌工作。大学生橄榄球球迷不仅看母校的球队比赛，还会在停车场组织聚会交流、设计粉丝团的仪式和口号、穿着和球队服装颜色一样的衣服、为自己的球队申辩、购买赛季门票，甚至有人会向球队的学校捐赠大量个人财富。我们将这些能够建立密切的、积极的品牌—自我关系的品牌称为受人崇拜的品牌。本章深入探究品牌崇拜及其关键驱动因素，我们称这一章为"品牌崇拜背后的科学"，因为它所呈现的内容是我们和很多同事在营销和心理学领域进行的大量研究。首先让我们来阐述什么是品牌崇拜。

品牌崇拜背后的理论

我们将品牌崇拜定义为顾客与品牌间显著关联的程度，这种关联源于他们对品牌的信任、挚爱和尊重。当品牌崇拜很强烈时，顾客与品牌之间形成了很牢靠的关系。他们会反复地、忠诚地使用这个品牌的产品，并尽可能多地向他人宣传。同时，这个品牌常常会成为他们第一提及的品牌。

第3章 品牌崇拜背后的科学

与品牌联结

当顾客崇拜一个品牌时,他们会认为与品牌之间形成了一种私人关系。受人崇拜的品牌是顾客的一部分,显示了他们是谁、他们在做什么,以及什么是对他们最重要的事情。一个受人崇拜的品牌可以与顾客的生活和事业上多个方面的需要、目标和需求之间产生一个有意义的联结。受崇拜的品牌可以与顾客的个人、社会、文化和组织生活产生共鸣。顾客对于我是谁、我喜欢什么、我做什么以及什么在我的世界里最重要的感觉,不仅来自他们自己,也来自品牌。当顾客和品牌之间存在联系时,顾客会根据品牌来思考自己。例如,许多使用苹果电脑的顾客定义自己是"苹果人"(Mac people)。

显著或第一提及

也许因为受人崇拜的品牌与自我紧密相连,它们在消费者的记忆中处于显著的或第一提及的位置,而且很容易被回想起来。消费者的自传式记忆包括品牌,而且他们会经常想起这个品牌。正因为如此,当有人提到该品牌所属的产品类别时,顾客想到的第一个品牌通常是受人崇拜的品牌。

当顾客与品牌的关系加深并且变得更好时,品牌崇拜(以及品牌—自我联结和品牌回想)变得更强烈。因为顾客与所崇拜的品牌之间有了这种强联系,顾客想到未来可能失去这个品牌时会感到极大的痛苦。可以想象在普林斯或惠特尼·休斯顿等一些名人去世时,或最喜欢的品牌或电视节目被取消时人们流露出的悲伤。我们觉得自己的生活中如果没有这些品牌就会很不一样。

品牌崇拜对顾客行为的影响

品牌崇拜很重要,因为它影响了一系列使品牌对公司有价值的行为:

（1）品牌忠诚行为；（2）品牌拥护行为。

品牌忠诚行为

当顾客崇拜某个品牌时，他们会长期地持续购买这一品牌的产品，而不是竞争品牌的产品。他们愿意为这个品牌支付更高溢价。如果缺货或正在更新，他们也更愿意等待所崇拜的品牌（而不是选择竞争对手的品牌）。如果品牌发生重大失误，忠诚的顾客更有可能原谅它，降低问题的严重性，并/或对问题及其原因给予合理化的解释。

品牌拥护行为

当顾客崇拜某个品牌时，他们将会成为品牌拥护者。他们可能会在自己拥有的产品上公开展示品牌名称（例如，汽车保险杠贴纸、带有品牌标志的服装，甚至出现极端行为——以文身形式在身体上展示品牌）。他们愿意向别人推荐这个品牌，如果别人出言不逊，他们也会积极地维护这个品牌。同时，他们还可能会故意贬低一个竞争对手的品牌。最后，他们愿意与对这个品牌有相同感受的人建立联系。那些喜欢同一个品牌的顾客会建立品牌社群、仪式、博客和网站，以此展示他们对品牌的忠诚。

品牌忠诚和品牌拥护行为很有趣，因为其中一些行为需要大量的时间、金钱或声誉资源才能付诸实施。换言之，顾客越崇拜品牌，他们就越愿意投入时间、金钱和声誉来支持品牌。

其中一个原因是，他们如此崇拜这个品牌，以至于愿意采取不同寻常的措施来支持它。另一个原因是，由于品牌与顾客（他们是谁，以及什么是对他们最重要的事）紧密相连，他们将品牌视为自己的一部分。在他们看来，花费在品牌上的时间、金钱和其他资源不仅仅是对品牌的支持，也是对顾客自身的支持。

品牌崇拜和对公司的价值

品牌忠诚和拥护行为可以为公司创造价值。当顾客忠于或拥护某个品牌时，公司应该会获得更多的收入（来自顾客和顾客的宣传对象）。同时，公司获得这些收入的成本也会更低，因为品牌拥护者（与营销传播相比）在劝说别人购买这个品牌的产品时更具有说服力。汇总起来，这两种类型的行为在品牌崇拜和品牌盈利能力之间建立了理论关联。那些忠诚于公司和拥护公司的顾客，也会为公司创造一些与品牌崇拜相关的利益（见图1-1，如增长的促进者、二次机会的提供者、人力资本的建设者）。我们在第11章讨论品牌资产时会探讨这些利益。

严格来讲，品牌崇拜将品牌利益（3E）与品牌对公司的价值关联起来。消费者渴望购买和使用受人崇拜的品牌，因为这些品牌所提供的利益有助于消费者获得快乐（与其他品牌相比更是如此）。公司想使消费者崇拜它们的品牌，是因为受人崇拜的品牌能够为公司带来具有战略意义的价值。品牌崇拜并不是非有即无。相反，顾客崇拜品牌只有多或少的区别。所有的公司都想提高品牌受人崇拜的程度，从而在更大程度上获得如图3-1所示的好处。

品牌信任、挚爱和尊重

我们的研究表明，当一个品牌被信任、挚爱和尊重时，品牌崇拜及其对品牌忠诚和拥护行为的影响才能最大限度地发挥作用。品牌信任被定义为消费者能够在多大程度上依赖品牌。当消费者信任一个品牌时，他们相信品牌无论是现在还是未来都会使消费者的利益最大化。信任某一品牌的消费者甚至愿意为了品牌而处于存在风险的情境中。他们这样做是因为他们相信品牌能够发挥其应有的作用。品牌挚爱被定义为消费者对某一品牌所拥有的情感的强烈程度。消费者喜爱某品牌并时刻想陪伴它，这取决于该品牌能在多大程度上给消费者带来感官上、思想上和心灵上的愉悦。品牌尊重被定义为消费者对某一品牌的敬仰和推崇程度。消费者赞许品牌所做的一切，称赞品

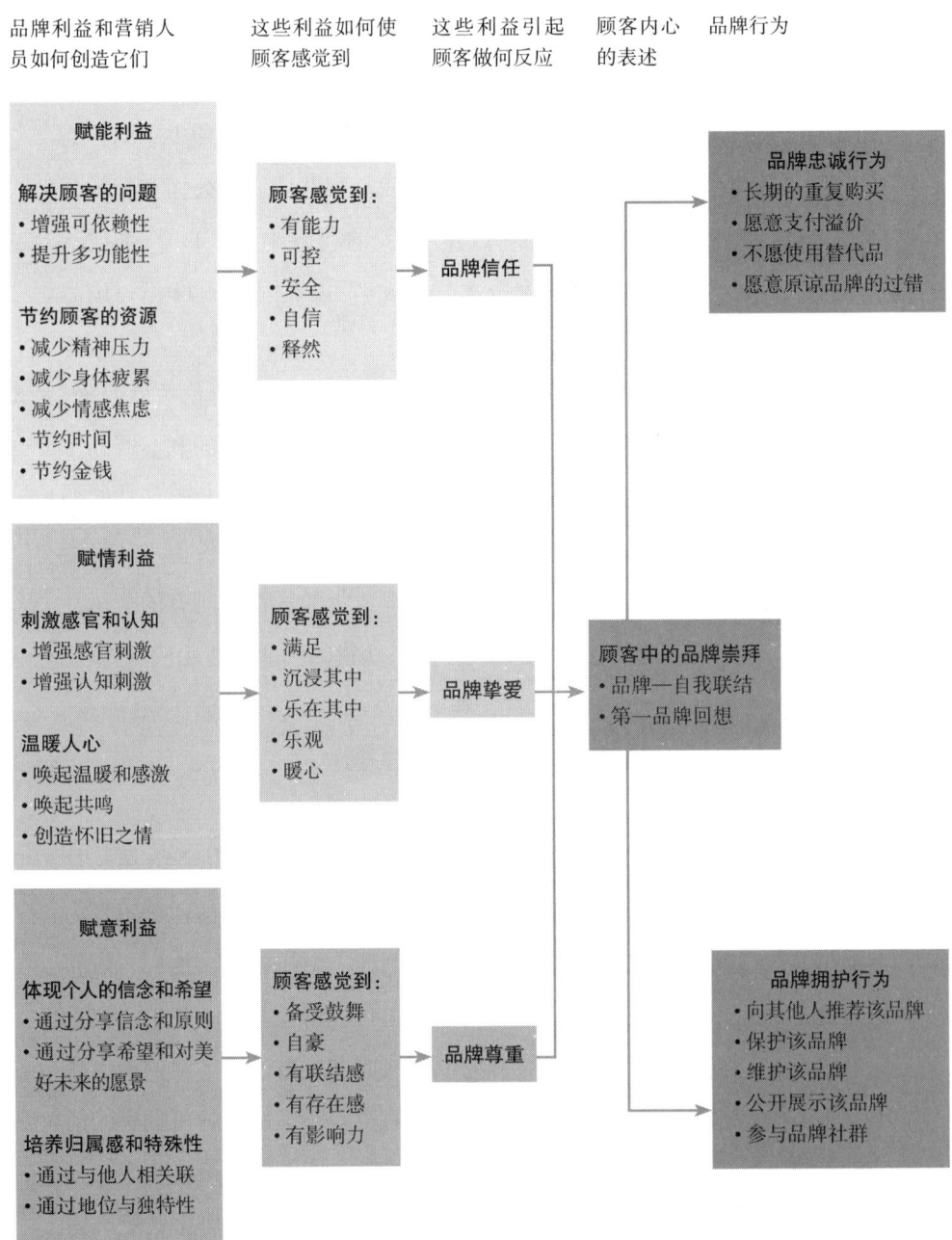

图 3-1 品牌崇拜模型：驱动力和结果

牌所代表的意义，认为这个品牌道出他们是怎样的人（包括他们的信念和希望），会因为该品牌所带来的鼓舞人心的影响而将该品牌视为偶像。

品牌信任、品牌挚爱和品牌尊重的联合作用可以用来解释为什么品牌崇拜会产生品牌忠诚和品牌拥护行为（如图 3-1 所示）。我们的研究表明，品牌挚爱能够激发顾客接触品牌的动机和探索品牌更多信息的欲望。品牌信任能通过影响顾客拥有及使用品牌的意愿来给予顾客指引，因为他们能够依赖这个品牌。最后，品牌尊重能提供能量，可以促使消费者克服那些可能会阻止他们购买或使用该品牌的障碍（如价格、物理距离及了解一个品牌需要花费的时间）。当外部突发事件出现时（如市场中出现低价竞争者），品牌尊重能够维持顾客和品牌之间的关系。品牌尊重可能是一种极强的激励力量，它会长期不断地填补消费者购买意愿和实际购买行为之间的鸿沟。

如何建立品牌崇拜：3E 模型

那么企业怎样才能强化品牌信任、挚爱和尊重（并且最终形成品牌崇拜）？第 1 章和第 2 章提到，能够为顾客带来赋能利益、赋情利益以及赋意利益的品牌会使顾客感到快乐。为什么呢？正如图 3-1 所示，品牌的赋能利益、赋情利益以及赋意利益可以使顾客产生不同类型的积极情绪，使顾客感觉更好，进而提升顾客的总体快乐感和幸福感。现在，让我们来解释其作用机理和原因。

3E 模型的理论背景

我们花费了大量的时间关注个体的需要、目标及动机等的心理学研究。在这个过程中，我们发现很多种类型的人类需要、目标及动机等都可以解释消费者使用品牌（包括产生崇拜）的方式及原因。重要的是，这些类型都可以被纳入我们所说的 3E 模型（即赋能、赋情及赋意）。例如，福特（Ford）和尼克斯（Nichols）确定了能够反映 3E 模型的 24 种目标类别，包括：赋能目标，如对掌控、管理、物质获取以及安全感等的需要；赋情目标，如任务的创造性和艺术性的表达；赋意目标，如对个性化和优越感的需求。与此类似，莫雷（Murray）的需要量表中包括了赋能需要（如伤害的避免）、赋情需要（如玩乐和性的需要）和赋意需要（如归属感、成就感和自主性）。卡勒（Kahle）及其同事于 1986 年编制的价值观量表中包含了与赋能（如安全）、赋情（如兴奋、有趣及享乐）和赋意（如归属感、自我满足、自我尊重、被他人尊重）相关的价值观。还有许多其他的需要、动机和目标分类都可以被纳入 3E 模型。

3E 模型中的积极情感

当某一品牌使消费者感受到赋能、赋情及赋意利益时，这个品牌就自然而然地激发了积极情绪（见图 3–1）。具体而言，当品牌为消费者提供赋能利益时，他们就感到被赋予了能力，可以用最容易的方式做他们想做的事情。他们有了安全感、可控感、自信和释然。有能力和可控制的感觉被认为是自我效能和乐观的重要驱动因素，进而消除了沮丧的情绪，使人们感觉有能力去做那些生活中需要做的事情。

当品牌带给消费者赋情利益时，消费者能通过品牌内在的那些令人愉悦的感觉、想法和温暖人心的利益使自己感到满足。许多近期的营销研究表明，当营销人员考虑如何用品牌利益刺激消费者的感官、思想和心灵时，他们就会明白自己拥有的巨大力量。赋情利益不仅能够使人们感受到满足，还能让人沉浸其中、乐在其中、感到乐观和（或）温暖。具备这些利益的品牌能够使消费者避免产生厌倦感，使功能型产品更加有趣、充满吸引力、令人兴奋。

赋意利益在需要理论中是至关重要的，包括对归属感、自我实现、自尊的需要，以及对人际关联性和自主性的需要。在某种程度上，当我们的行为与自我信念和希望相一致时，我们就觉得人生是充实的，我们所做的事情对自己、他人甚至社会而言是正确的事。当品牌反映我们深层次的信念和希望时，我们感到备受鼓舞。当品牌提供的利益驱使我们与他人产生关联或者感觉自己很独特时，我们也会感受到关联、自豪、被认可以及有影响力。

接下来我们将简单介绍营销者如何才能使消费者获得赋能利益、赋情利益和赋意利益，从而构建品牌信任、品牌挚爱以及品牌尊重，进而达到品牌崇拜。

怎样获得赋能利益？

图 3-1 展示了两种品牌提供赋能利益的方式：（1）解决消费者的问题；（2）节约消费者的资源。一个能够提供赋能利益的品牌，会使消费者觉得自己是有能力的、可控的、安全的、自信的或者释然的。当一个品牌能够帮助消费者解决他们的问题或者节约他们的资源时，消费者会认为品牌的创建者了解他们的困难（他们的问题以及他们有限的资源），并能够帮助他们解决这些困难。

通过解决问题获得赋能利益

品牌通过帮助消费者解决在工作、家庭、商务或者私人关系上遇到的大小问题，提升了消费者的能力并且使他们对所处环境有强烈的可控感。需要提升你的营销技能吗？试一下 MarketingProfs 的在线课程吧！是不是难以在各种各样的软件系统之间实现兼容和对话？看一下 Salesforce 的云计算产品能否帮助你。在一定程度上，品牌为消费者解决问题，使消费者获得对环境的控制感，让消费者感受到安全，免受未来的威胁。于是，赋能利益解决了顾客的问题，为消费者在身体上、社交上、心理上以及经济上提供保护，避免未来受到伤害。

当品牌提供赋能利益的时候，品牌不仅要能够解决问题，更重要的是值得消费者长久依赖。例如，特斯拉已经设计了一款软件系统，需要维修的汽车可以通过这个系统及时自动下载修复软件。当品牌的使用扩展到其他使用场合时，品牌也能够产生赋能利益。营销者可以通过影响品牌的使用时间、地点、方法和产品用途得以扩展的原因（即什么理由）等来提升产品的多功能性。例如，iPhone 手机已经在各种场景下变得不可或缺，包括收发邮件、获取即时信息、拍照、玩游戏、导航等。有趣的是，虽然 iPhone 仍然被称为"手机"，通话反而已经成为其较少使用的一个功能了。引起消费者共鸣的是 iPhone 多样化的功能。

通过节约资源获得赋能利益

赋能利益也可以通过另一种方式来提供：在多大程度上帮助消费者节省了时间上、金钱上、心理上以及体力上的稀缺资源。如果一个品牌能够节约稀缺资源，并/或允许消费者获取新资源（比如投资时获取更多的利润、通过睡觉获取身体的能量），就能够减轻消费者的精神压力、身体劳累以及情感焦虑。通过使消费者获取和使用品牌所花费的时间或金钱最小化，品牌也能够节约资源。优步和来福车（Lyft）已经给出租车行业带来了很大的冲击，因为相较于常规的出租车公司，它们节约了乘客打车和付费环节必须投入的资源。连锁超市阿尔迪①和利德尔（Lidl）能够为消费者提供更简单、更便捷、更省钱的购物体验，与传统的连锁超市形成很大的差异。能节约（或者保存）稀有资源的品牌，可以让消费者感觉到舒适、安全和便捷。当消费者的资源不用消耗太多时，他们会觉得更有能力、安全和放松。

赋能利益和品牌信任

当消费者可以长期和持续依靠一个可信赖且功能多样的品牌去解决问题

---

① 阿尔迪：Aldi，德国最大的连锁超市。——译者注

时，他们会觉得这个品牌是可以依赖的。他们相信，当他们需要品牌时，品牌就可以帮助他们。信任能够增强安全感、降低焦虑、增强把品牌作为伙伴的信心。消费者更愿意在自我和品牌之间建立一种联系，因为他们知道这个品牌是值得依靠（信任）的。此外，帮助消费者节约稀有资源也能够增强品牌信任。当一个品牌能够帮助消费者节省时间、金钱、体力或者心理能量时，消费者就会相信品牌是以他们的最佳利益为出发点，并帮助他们提高效率。品牌的创建者应该认识到消费者面临的困难，并认为自己有责任去解决这些困难。当消费者感到品牌是站在他们的立场行事时，品牌信任就形成了。

赋情利益

图3-1展示了品牌构建赋情利益的两个方式。他们可以提供感官或认知上的刺激，激发消费者的思维和感觉，让消费者感觉良好。他们也可以通过各种方式对消费者进行诉说，进而唤起消费者的幽默、同情、感激和/或怀旧等情感。一个提供赋情利益的品牌能够使消费者感到满足、沉浸、愉悦、快乐和暖心。这些积极的情感能够培育品牌挚爱。

通过使思维和感官愉悦来获得赋情利益

当品牌提供了认知刺激（唤醒好奇心和想象力，并且引人思考）和/或感官刺激（引起愉悦的视觉、听觉、味觉、嗅觉和触觉体验）时，就能够给感官带来愉悦。赋情利益包含了"体验营销"的含义，还有今天能够帮助真正伟大的品牌从平庸品牌中脱颖而出的"设计"概念。流行的网络游戏提供了强烈的认知刺激。比如，在《英雄联盟》(League of Legends)里，玩家控制着一系列叫作"英雄"的角色，他们尽一切努力解锁英雄的独特技能，并通过在游戏里正确决策提升英雄的实力。在酒店行业中，四季酒店品牌集中体现了感官刺激，从富有视觉震撼的装饰、优美的周边环境、美食、高尔夫等娱乐项目,到奢华的寝具以及极可意浴缸①、柔软的浴袍和拖鞋等设施,凡是顾客所能想到的,四季酒店都应有尽有。又比如,IMAX(一种巨幕电影放映系统)影院的 3D 技术是如此逼真,使观众身临其境般地融入电影中,成为电影的一部分。再想想那迷人芬芳的香奈儿五号香水、可爱的 Hello Kitty、贾斯汀·比伯的发型和歌帝梵巧克力浓郁的味道,这些品牌都为消费者提供了感官愉悦的利益。

通过温暖人心获得赋情利益

赋情利益还来自品牌提供的温暖人心的利益。品牌可以通过几种方式来提供这种利益:它们可以唤起幽默、兴奋和感激等温馨的情感,也可以唤起共鸣和/或创造怀旧之情。贺曼公司(Hallmark)通过这些方式来温暖人心。这样做是因为公司的理念:生活充满特别时刻。无论通过电子邮件还是线下邮寄,在各种特别的日子里,饱含情感信息的贺曼贺卡都能温暖收件人的心。为了帮助人们纪念特殊事件,贺曼还生产纪念饰品和个性化的图书。贺曼公司也借助贺曼频道和制作名人堂电视节目扩大其在娱乐行业的知名度。2015 年,这个系列赢得了 81 项艾美奖、9 项金球奖、11 项皮博迪奖、28 项克里斯托弗奖和 4 项人文奖。一些品牌通过怀旧来温暖心灵(想一想弹簧玩具、多年来任天堂出品的《超级马里奥》和《精灵宝可梦》游戏里熟悉的主题曲和游戏机,还有电视剧《纯真年代》)。一个简单真诚的微笑,一个触发童年回忆的温馨暗示,一种有趣的顾客互动方式,或提供服务时的一个善意举动,这些都对温暖顾客的心灵有很大的帮助。

能够刺激思维、感官和心灵的利益在 B2B 环境中与在 B2C 环境中同等重要。可惜的是,很多 B2B 营销者(也不乏一些 B2C 营销者)在如何利用赋情利益来提升品牌与顾客的联结方面尚有不足。第 2 章中提到的纳威司达

---

① 极可意浴缸:Jacuzzi,意大利顶级浴缸品牌。——译者注

在开发新型卡车时就广泛地关注赋情利益，这些赋情利益产生的心理冲击无疑给卡车司机带来了极大的影响。

赋情利益和品牌挚爱

前面提到，赋能利益培育了品牌崇拜的一个关键驱动因素（即品牌信任），赋情利益则培育了品牌崇拜的第二个驱动因素，即品牌挚爱（见图 3-1）。赋情利益以及随之而来的品牌挚爱促使顾客产生对品牌的响应。顾客为获得这些品牌提供的始终如一的满足感，愿意去探索和忠于品牌。因此，赋情利益引起了我们对品牌的关注和兴趣。我们也更愿意走近这个品牌，看看它的店里还有什么可以买的。

赋意利益

图 3-1 阐述了品牌提供赋意利益的两种方式：（1）通过体现个人的信念和希望；（2）通过培育归属感和独特性。能够提供这些赋意利益的品牌会使消费者感到备受鼓舞、自豪，有联结感、存在感和/或影响力，这些感觉提升了顾客对品牌的尊重。

通过体现个人的信念和希望获得赋意利益

我们都希望自己是一个好人，也希望以某种方式或在某种程度上做出积极的改变。成为一个好人可以建立起内在的自豪感，这能够增强其自尊心。当消费者购买和使用的品牌所具备的信念与他们生活和工作中的希望，以及他们的道德、善良、公正等信念相匹配的时候，他们会感到充实。当消费者购买和使用的品牌的信念与个人的信念一致时，他们会觉得自己很真实。

鞋履品牌看步[①]憎恶现代生活的忙碌，它强调步行是一种有价值的行为，提倡把步行作为欣赏和领会我们身边精彩世界的一种方式。这个品牌会强化

---

① 看步：Camper，西班牙鞋履品牌，于 1975 年诞生于西班牙马略卡岛，"Camper" 在西班牙方言里是对马略卡岛上农夫的称呼。——译者注

环境的价值和散步带来的快乐。因为看步的消费者持有相似的信念和原则，所以品牌和自我之间就达成一致。品牌也可以鼓励我们成为更好的人，吃得更健康一些、锻炼身体、成为更好的父母或者员工，甚至变得更漂亮等。此外，品牌也可以通过谈论并支持解决关键的社会难题激发灵感。例如，壳牌石油公司认为世界需要更多专家来应对能源难题。为了鼓励更多人帮助解决这个难题，壳牌举办了壳牌创意360活动，激励学生在能源领域进行创新思考。壳牌的规则改变者计划旨在培育和支持来自企业家和发明家的各类创意。公司承诺要让世界变得更美好，这鼓舞了那些有同样感觉的消费者，提升了他们对壳牌的尊重。

通过培养归属感和独特性获得赋意利益

归属感：消费者喜欢感受到被他人接受，与他人相关联。他们想要感觉自己似乎属于一个愿意接受他们的家庭、群体或社区。归属感带来生命的意义，营销者可以通过增强消费者作为群体成员的归属感来提升他们的利益。归属感可以通过引入他们的血统、祖先、籍贯和他们的近（远）亲属而实现。消费者的祖籍和过往经历之所以重要，是因为这些因素解释了他们希望记录下的历史（以及浮现出的理想画面），即过往与生命中重要的人一起生活的美好时光。这同时也解释了他们为何喜欢追根溯源，通过图片和视频记录他们自己、家人、同事以及朋友的生活，沉浸于Facebook活动中，以及穿着象征他们所属群体的衣服。人们加入一个志趣相投的人组成的社群（无论是虚拟的还是面对面的），能够感受到真实的自己被接受和欣赏。

许多成功的营销者已经将自己的品牌和特定群体相联系，这个品牌则成为消费者属于某一特定群体的象征。在某种程度上来说，Facebook的成功与它联结个人与家庭、朋友及同事的能力密不可分。美国女孩（American Girl）零售商店则是通过代际间的联系来培养归属感。在这里，妈妈、外婆、女儿能够享受彼此陪伴的午餐时光，和玩偶合影以及一同去美发店。保时捷公司则是推出 GTS 社群，邀请社群成员记录自己惊人的驾驶路线，并与世界各地的社群成员分享，成为保时捷家族的一员对个体成员来说意义非凡。

独特性：人们同时也想向他人传达自己在某些方面是与众不同和独特的。有些时候这种独特性与地位相关。人们习惯于相信他人会根据社会身份（比如风格、美貌和学识）和个人成就（比如财富、职业成功、音乐天赋、艺术造诣）评价和尊敬他们。事实上，用品牌来传达独特性早已被大家所公认。因为品牌标志着一个人的地位和他所属的群体，所以仅仅通过其所使用的品牌，就能立即推断出使用者的性格、信仰与偏好等信息。这些信号价值对于奢侈品来说尤为重要，因为奢侈品品牌区别于其他品牌之处正是它们的声誉、排他性以及价格。营销者可以通过创造与地位相关的独特性来丰富消费者形象，例如使某些消费者成为重要顾客或 VIP 或提供仅限于少数人的特权机会。

与独特性有关的还有，消费者通过使用品牌以表达其与众不同。消费者希望自己具有独立的思想、特定的风格以及自主意识。消费者对独特性的追求促进了产品个性化定制活动的发展。通过个性化定制，消费者能够获得完全符合自己独特个性和地位的品牌款式。耐克也参与到个性化定制活动中，允许消费者个性化定制鞋子的颜色和款式。那些被认为很酷的事情一般只有少数人在做，而非大众的行为。

赋意利益与品牌尊重

我们的研究发现了一些对赋意利益非常重要的见解。赋能利益和赋情利益分别通过影响品牌信任和品牌挚爱来建立品牌崇拜，赋意利益则通过品牌尊重对品牌崇拜产生最大的影响。赋能利益和赋情利益只在一定程度上增强品牌崇拜。事实上，我们的研究表明，在建立、强化和维持品牌崇拜的过程中，赋意利益是最关键的那个"E"。之所以如此，原因如下。

首先，个体的信仰、希望、归属感和独特性在日常生活中经常被挑战。人们经常被提醒他们尚未成为他们理想中的自己。他们经常发现自己的行为与价值观不一致（例如，使用不可降解尿布，尽管他们的价值观是绿色环保）。他们会感到被想要融入的群体拒绝和孤立，或者是感觉到没有任何突出的东西可以使他们在人群当中显得独特和与众不同。因此，人们对赋意利益尤为敏感。

其次，科技进步使得公司能够为消费者提供赋能利益，许多高端品牌的赋能利益都非常相似。此外，在一段时间之后，消费者会认为赋能利益是理所当然的。你最近一次是什么时候为你的冰箱质量如此可靠而感到感激？同时，市场上开始更多地关注美学价值和消费者体验在品牌差异化中的作用（赋情利益）。但是，人们很容易会对赋情利益感到厌倦，随着时间的推移便难以从中获得任何快乐。我们也许非常喜欢所使用的智能手机的设计，但是第二年就换成机身更薄、手感更好的下一代手机了。然而，通过阐述信念和希望而激发的归属感和独特性，对消费者有着强有力的影响。它们抒发了消费者的自我感知和生活的意义。

借助赋意利益的力量实现差异化，给品牌提供了巨大的机会。消费者一旦理解了品牌的赋意利益，就很难再转向其他品牌。因为赋意利益代表了他们的个体身份和所坚持的信念，如何强调品牌的赋意利益对于建立品牌崇拜的重要性都不为过。可惜很多品牌未能很好地向消费者阐述品牌是如何充实他们的生活的。

尽管赋意利益如此重要，但是仅有赋意利益并不足以实现品牌崇拜。换言之，当品牌同时具有赋能利益、赋情利益和赋意利益的时候，品牌崇拜才能够达到最好的效果。总而言之，这三种利益能够推动品牌崇拜实现指数级增长。

关键知识点

1.品牌崇拜是营销者最关键的目标。

2. 强烈的品牌崇拜更有可能使消费者忠诚品牌和拥护品牌，从而提升品牌（及公司）资产。

3. 品牌信任、品牌挚爱和品牌尊重促进品牌崇拜。因为品牌信任、品牌挚爱和品牌尊重对品牌崇拜有着多重作用，最大程度的品牌崇拜来自建立以上三者的营销努力。

4. 品牌能够通过以下三个方面使消费者感到快乐：（1）激活赋能利益、赋情利益和赋意利益；（2）建立品牌信任、品牌挚爱和品牌尊重；（3）增强品牌崇拜。

5. 赋能利益（解决消费者的问题和节约他们的资源）使消费者觉得更有能力，从而促进了品牌信任，继而影响品牌崇拜。

6. 来自赋情利益（刺激消费者的思维/感官，并温暖消费者的心灵）的满足能够促进品牌挚爱，继而影响品牌崇拜。

7. 赋意利益（反映希望/信仰，并培育归属感和地位）激发品牌尊重，继而影响品牌崇拜。

8. 当品牌为消费者的生活同时提供赋能利益、赋情利益和赋意利益时，品牌崇拜达到最大化。

9. 正如图1–1所示，公司不仅仅要建立品牌崇拜（第4—6章），还需要维持（第7章）并且在长时间内充分延用品牌崇拜（第8—10章）。我们在接下来的章节会依次谈到这些问题。

你的品牌如何？

1. 目前顾客对你的品牌的崇拜程度如何？顾客在多大程度上表现出忠诚行为和拥护行为？你能做什么来强化顾客的忠诚行为和拥护行为？

2. 你的品牌是否被顾客信任、挚爱和尊重？如果没有，为什么？你如何改进？

3. 目前你的品牌在多大程度上提供了赋能利益、赋情利益和赋意利益？你在哪方面做得很棒？你的品牌能够以何种方式提升？

Brand Admiration:
Building a Business People Love

第二篇
建立受崇拜的品牌

第 4 章
建立组织内部的品牌崇拜

世界上最受崇拜的品牌拥有世界上最忠诚的员工。

引言

作为世界上最大的非营利性医疗集团，梅奥诊所（Mayo Clinic）将其使命简述为："为每位患者提供最佳护理服务。我们共同生活和工作的地方是一个接纳人和尊重人的共同体……一个由诸多贡献着奇思妙想、完全多元化的人士所组成的共同体。"值得一提的是，梅奥诊所将该使命作为它的行动指南。它清晰地阐述了梅奥诊所力图实现的目标和路径。换言之，提供最佳护理服务需要具有多元化背景的员工的共同努力，因为需要充分利用每位员工所具有的优势。多元化背景的重要性在于它能够加速创新、提升解决问题的能力并促进生产力发展。梅奥诊所的员工之所以能够欣然接受这个使命，并不是因为精美的员工手册或海报，而是因为员工培训计划（和对待顾客的方式）充分体现了诊所的使命。因此，员工能够真正保持对品牌的热情。诊所在持续的专业发展方面投入了大量资金。它建立了重点关注文化能力和语言能力的项目，以此提升员工在病人护理行为中的文化敏感度。这些培训能够帮助员工出色地完成日常工作，进而实现对员工的赋能。这些培训项目培育了信任，即相信组织会履行使命并支持员工的职业发展。这些培训项目也为员工带来强烈的温暖、开放和包容的感觉，进而增强员工对诊所的挚爱。最终，这些项目创造出一种联结感，让员工为自己能够成为对共同体有影响的一员而感到自豪，继而形成品牌尊重。

概述

显而易见，与公司内部员工建立稳固、良好的关系是与消费者建立良好关系的前提。令人惊奇的是，很多公司在品牌塑造过程中仍然会忽视员工。事实上，注重从公司内部建立崇拜的品牌是少数，并非常态。然而，如果一个代表品牌并负责向外界兑现品牌承诺的人自身都不崇拜这个品牌，他又怎能令人信服地、诚恳地说服消费者，使他们崇拜品牌呢？消费者和其他利益相关者通常会将员工及其行为与品牌对等，因此，公司在员工当中建立品牌崇拜就显得尤为重要，这也是我们在这一章将要探究的主题。

员工作为品牌建设的资源

提升员工对品牌的崇拜能够帮助公司实现其价值，这一点很好理解。员工的品牌崇拜能够激发员工的亲品牌行为，比如员工的品牌忠诚。崇拜品牌的员工：（1）想要为品牌效劳，而不愿意离开它；（2）对品牌有一种主人翁精神，以品牌的成就和成功为己任；（3）更容易原谅组织的过错；（4）将品牌融入自己的生活之中，甚至是工作之余的生活（比如在家）之中；(5) 对威胁品牌的竞争者行动保持警惕。

崇拜品牌的员工同时也是品牌的拥护者：(1) 他们是品牌坚定的、真正的捍卫者；(2) 为了顾客的福祉和品牌，他们会做职责范围以外的工作；(3) 他们会参与各类与品牌社群相关的活动；(4) 他们将品牌推荐给朋友；(5) 他们保护品牌使其免受指责；(6) 他们会鼓励其他员工关注品牌（而不是关注内部政治或其他负面的公司行为）；(7) 他们也会公开地展示与品牌的联系（比如在T恤衫、名牌器具、文身上等）。上述结果不仅能够鼓舞员工士气，还可以降低员工招聘和留任成本，并强化员工留任和知识沉淀。

西南航空公司的创始人赫柏·凯莱赫（Herb Kellerher）意识到内部顾客的力量。他曾提出，应该像重视顾客那样重视员工。他的这种努力显然是成功的。当他从工作了37年的西南航空公司退休时，公司的飞行员和乘务员在《今日美国》报纸上刊登了全版广告以感谢他对公司做出的贡献。与之相反，美国航空公司的飞行员和乘务员却在同一天举行罢工，并在公司年会上进行抗议。

与对待顾客一样，营销人员也能够通过对员工进行赋能、赋情和赋意来创造他们的品牌崇拜及其驱动因素。我们将这个过程称为内部品牌化（如图4-1所示）。正如我们之前提到的，公司的使命宣言充当了员工感受、想法和亲品牌行为的指路牌。因此，我们将内部品牌化定义为一系列为员工赋能、赋情和赋意的过程，这个过程使员工能够以一致、可信的方式完成公司使命。

塑造品牌崇拜从公司使命宣言和它的特征开始。具体而言，只有当公司的使命宣言具有赋能、赋情和赋意特征，并且公司能够为员工提供赋能、赋情和赋意利益的时候，在员工中建立对品牌的信任、挚爱和尊重才会成为可能。这些结果综合起来能够促进员工的品牌崇拜，增强员工的品牌忠诚和捍卫品牌的行为。这里需要重点关注的是，通过创造这些效应，公司能够培养出矢志不渝地兑现品牌承诺并且帮助品牌在竞争者中脱颖而出的内部崇拜者。在讨论其他内容之前，我们先讨论一下关于公司使命宣言的一些内容吧！

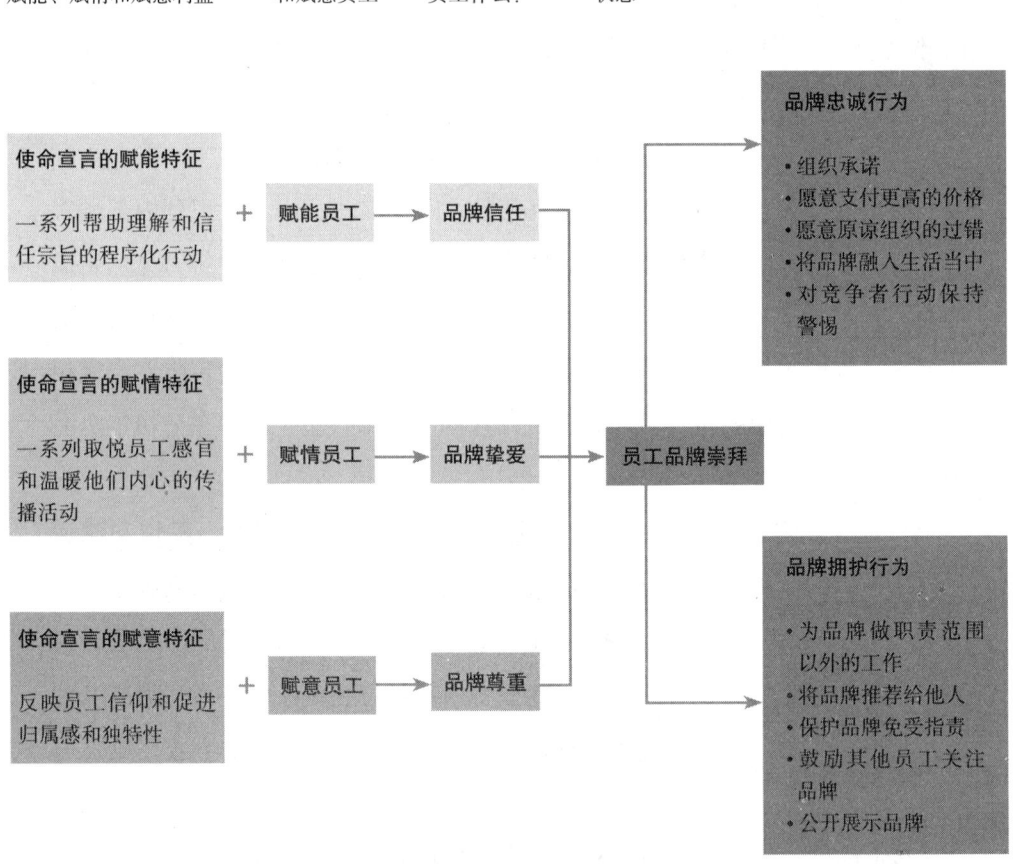

图 4-1　建立员工品牌崇拜

创造一个有意义的使命宣言

公司的使命宣言在培育员工品牌崇拜的过程中扮演着重要角色。当一个公司作为初创企业并且只拥有单一品牌的时候，公司使命和品牌的市场定位是紧密一致的（我们会在第5章详细讨论这个问题）。但是，随着公司规模扩大并且拥有不同的品牌组合时，使命就需要变得更加抽象，以适应公司下属的多个品牌。虽然每个品牌的定位可能不同，但是公司的使命宣言仍十分重要，因为它概括表达了公司（以及它的每一个品牌）代表了什么。它应该基于下属品牌，对公司的身份予以更广泛的描述。因此，公司的使命与品牌的定位宣言之间应该保持一致（或者至少没有不一致）。

在考虑使命的时候，不妨思考一下星巴克首席执行官霍华德·舒尔茨的格言："人们想要参与比自身更大的事情；他们想要成为自己为之骄傲、为之奋斗、为之牺牲的事物的一部分，以及对其信任的事物的一部分。"作为人类，我们希望拥有归属感和独特性，并且对自己的所作所为感到骄傲，员工也不例外。如果使命宣言能够概括这些信念，就能激励员工信任它并且付诸实践。但是，如果一个使命想要对员工的行为有所影响，则这个使命一定要有意义。一个有意义的使命宣言应该概括描述品牌的目的和目标，并且回答下列问题：（1）提供何种利益；（2）为谁提供利益；（3）如何提供这些利益。

表4-1基于这些问题列举了一些使命宣言。关于提供何种利益的决策，应满足市场上尚未涉及的核心客户需求（我们在第5章会探究这一点）。当员工不清楚品牌应该为顾客提供什么的时候，员工就会感到沮丧。员工必须了解品牌（推而广之，员工自己）应该向顾客传递什么。一个清晰的承诺（比如说，关于品牌提供何种利益的表述）能够让员工更容易兑现这个承诺。

表 4-1　公司的使命宣言

使命宣言	提供何种利益	为谁提供利益	如何提供这些利益
谷歌：组织全球信息，使其人人皆可访问和使用	组织全球信息（提供什么）	使其人人皆可（为了谁）	访问和使用（如何做）
麦肯锡：我们的使命是帮助客户在经营业绩上实现独特的、持久的和显著的改善，从而打造一个可以吸引、培育、激励和保留杰出人才的伟大公司	帮助……在经营业绩上实现独特的、持久的和显著的改善（提供什么）	我们的客户（为了谁）	打造一个可以吸引、培育、激励和保留杰出人才的伟大公司（如何做）

"为了谁"的问题问的是哪一类目标顾客最有可能欣赏品牌提供的利益。如果员工知道自己应该传递何种利益，但是却不了解谁是真正的目标顾客，他们传播这些利益时的效果和效率就会欠佳。缺乏清晰明确的核心目标市场，终将带来员工使用资源的效率低下——包括错误定位客户群——或者更糟糕，不经意地毁掉品牌。

最后，"如何做"的问题描述的是品牌计划回应目标客户需求的方法或策略。对"如何做"这个问题的回答给员工提供指导并且清晰地阐述为了满足客户需求他们应该怎么做，尤其当它关乎员工自我角色和责任的时候。一个能够涵盖这些问题的使命宣言可以作为员工行动的指南针，它为员工提供方向感并且明确了达到目标的路径。例如，我们思考一下谷歌的使命"组织全球信息（做什么），使其人人皆可（为了谁）访问和使用（如何做）"。这样的目标感和方向感有助于建立员工对品牌的信任、挚爱和尊重。

尽管拥有一个使命宣言对公司而言大有裨益，但是，员工必须接受并且具化它才能使其具有意义。不幸的是，一些内部品牌化专家表示，超过50%的员工不相信他们公司的使命宣言，或者认为自己不具有相应的知识、技术或素养来实现它。因此，内部品牌化不仅仅要阐述好公司的使命，还应让使命对员工来说能够成为现实。

赋能、赋情和赋意特征，让使命鲜活

从内部建立品牌崇拜的第一步是，确保员工信任、挚爱和尊重品牌使命本身。为此，员工应该明白公司的使命宣言或其在赋能、赋情和赋意方面的体现。

赋能特征促进信任

几个重要的赋能特征可以培育员工对使命的信任。

参与使命的开发过程

员工可能更支持和信任一个自己在其开发过程中具有发言权的使命。把使命宣言强塞给员工不可能创造同等程度的品牌崇拜。让员工参与品牌使命宣言的开发过程，能够使其具有更强的主人翁精神。品牌所有者应该主动邀请员工参与使命的制定过程，这样，品牌就可以积极地管理使命宣言体验。让员工参与公司使命的开发和传播，能够使员工更加周密地制定、全力拥护和执行它，并且真心地和（其他内部及）外部客户分享它。

以一个令人难忘的方式阐述使命

使命宣言是特别令人难忘的。当它能以一个简单的方式复述的时候，员工便能够和它产生很好的共鸣。举个例子，丽思·卡尔顿（Ritz-Carlton）酒店的信条几乎已成为服务业的黄金标准："我们以绅士淑女的态度为绅士淑女忠诚服务。"另一个例子则是高盛投资集团，其公司原则第一条便是"客户的利益永远是第一位的"。或者再看一下麦肯锡简明扼要的宣言："我们相信，如果我们的客户成功了，我们一定能成功。"一个简短的阐述使得使命十分清晰并能够第一时间被记住。

让使命具体化

当给予员工具体化的、详细的使命指导时，员工才会有能力按照使命行事。这对于新员工尤为重要,因为对于他们而言,使命宣言在一定程度上比较抽象和陌生。为了解释这一点,我们以丽思·卡尔顿酒店的信条"我们以绅士淑女的态度为绅士淑女忠诚服务"为例,将它转换为以下三个与使命一致的具体员工行为:(1)称呼客人的姓名,提供温暖而真诚的问候;(2)预测和满足客人的需求;(3)称呼客人的姓名,跟他们友好地道别。这些具体的服务步骤明确了与使命一致的行为方式,从而使员工有能力为顾客创造独特的、难忘的服务体验。

保持使命一致性

使员工理解和恪守公司使命并不是一蹴而就的。员工应该将使命视为他们入职流程的一部分,并且这个使命在员工任期内应该不断被提及和强化。不幸的是,公司并不总是能够让员工意识到使命及其对他们工作的重要性。当公司行为不一致的时候,员工就会质疑公司对使命的承诺。缺乏一致性和经常性地改变使命实施的政策和程序,会给员工带来困惑,并且使员工执行使命时缺乏安全感。更糟糕的是,缺乏一致性会削弱员工对品牌的承诺,最终给财务业绩带来负面影响。当使命确实需要改变时,员工应该密切参与改变的过程。通过参与,可以使员工认识到现有使命以及组织实现使命的方式,在这个过程中会产生新的思想,进而建立员工对新使命的主人翁精神。

赋情特征促进品牌挚爱

大多数人真心希望爱上他们的工作和他们为之工作的品牌。因此,公司在内部营销过程中为品牌使命赋情非常重要。感官愉悦和感人行动都能够增强员工对品牌使命的挚爱。

通过感官诉求来赋情

和品牌使命宣言相关的视觉、听觉和触觉诉求可以帮助员工快速、欣然地理解和接受使命,并对此产生浓厚兴趣。让我们看看保时捷咨询公司

(Porsche Consulting)卓越的运营使命:"扫除障碍,万事通达,让你成为业内的保时捷。"通过让咨询顾问穿着技术人员的制服,保时捷咨询公司生动形象地向员工传达了使命。对于通常穿着昂贵、光鲜的定制西服的咨询顾问来说,这是极不寻常的。技术人员的制服时刻提醒保时捷咨询公司的员工,他们是谦卑的工匠大师,在为品牌服务的时候也必须撸起袖子干。他们必须适应在工厂以及其他任何需要他们的地方工作。因此,这个使命不仅仅是以阐述的方式在传播,它还真正地被员工穿在身上。也正因为如此,使命是有形的。员工不仅可以看到它,还可以摸到它。

通过感人的诉求来赋情

一个使命宣言可以通过感人的诉求得以鲜活,从而为员工赋予感情。圣母大学(Notre Dame)橄榄球队在从球队衣帽间到圣母大学运动场的通道里放置了"今天像冠军一样去打球"的标志。这令人鼓舞的信息(为队员赋情)通过情感仪式变得具体化,球员们在上场前都会触摸一下这个标志,希望自己能够"像冠军一样去打球"。这个仪式唤起了激情,球员可以通过身体与这个标志的接触,使标志的内涵人格化并具有亲密性。

讲故事是一种可以让使命变得有趣和感人的方式。讲故事能够激发品牌信仰以及与使命之间的联系。员工可以讲述自己与使命相吻合的故事和个人经历。除了讲故事之外,公司使命还可以通过私人交往来传递(而非内部纪要、电子邮件或者文件),可以在一个与工作无关的场合或者公司的度假年会上来传递(比如在森林里或者在夏威夷海滩上围着篝火交谈)。品牌传记是关于品牌如何从卑微发展到今天的成功的故事,它对员工和顾客而言都极具吸引力,尤其是当品牌传记讲述的是一个品牌如何克服重重障碍从最初的失败走向成功的时候。

通过讲故事分享品牌使命时,需要关注以下三点内容:第一,讲故事是员工的情感试金石。讲故事能够促使员工在心理上与品牌及其使命更加亲近，分享与使命一致的故事能够让员工沉浸在使命当中。他们也会对品牌故事产生强烈的主人翁精神，因为他们自身在传播使命，充当了品牌宣讲员。第二，品牌故事能够让品牌的信念和原则变得生动形象。在分享的时候，品牌故事能让员工从情感上参与其中，而不仅仅是对使命宣言的了解和记忆。第三，品牌故事能够跨越文化。它就像我们人类基因的一部分，我们通过我们讲述的故事与他人紧密相连。当员工在分享品牌故事的时候，他们会觉得自己与品牌以及其他员工产生了更多的情感联系。

赋意特征促进尊重

有能够给员工带来赋能利益和赋情利益的使命宣言是一个好的开端，但是这些特征无法保证能够鼓舞员工。一个仅仅是熟悉的使命宣言并不会自动出现在脑海中或者产生情感共鸣。俗话说："近之则不逊。"要想提高员工对使命的尊重，使命就必须能鼓舞员工，反映他们的核心信念和原则。通过证实品牌使命与员工的信念和原则之间存在着强联系，公司可以让使命变得鼓舞人心。图4-2描述的是星巴克的品牌使命及其所包含的四种信念或原则。总体来看，该图展示了那些被使命支持以及包含在使命中的信念是如何鼓舞员工的。

使命	激发并孕育人文精神——从一个人、一杯咖啡到一个社区			
组织信念/原则	赋情利益 竭尽所能做好每件事，对结果负责。	赋情利益 营造轻松的组织文化，活在当下，用公开透明、尊严和尊重联结彼此。	赋情利益 营造一种温暖和有归属感的文化。	赋意利益 大胆行事，敢于挑战现状，以创新方式实现公司和彼此的共同成长。

图4-2 星巴克使命中包含的信念和原则

星巴克的使命是"激发并孕育（做什么）人文精神（为了谁）——从一个人、一杯咖啡到一个社区（怎么做）"。该使命包含的四个信念分别是：（1）"竭尽所能做好每件事，对结果负责"；（2）"营造轻松的组织文化，活在当下，用公开透明、尊严和尊重联结彼此"；（3）"营造一种温暖和有归属感的文化"；（4）"大胆行事，敢于挑战现状，以创新方式实现公司和彼此的共同成长"。

这些都是令人鼓舞的信念或原则，员工从品牌理念中能够看到他们的个人信念。这些宣言充分地表达了员工在组织当中该如何做好自己，组织和员工想要往哪方面发展，以及作为一个组织想共同营造怎样的工作环境。总结起来，这些宣言为员工赋意并能激发员工，将员工之间以及员工与品牌之间的距离拉得更近。事实上，近期研究表明，如果企业拥有致力于改善人们生活、鼓舞人心的信念，它的发展速度将是竞争者的3倍以上。

使命宣言应该通过赋能、赋情和赋意特征来开发和体现，并且应该与公司的自身行为紧密相连。那些与使命宣言不一致的举动会削弱员工对公司以及引领公司发展的使命的信任、挚爱与尊重。

人性化地向员工赋能、赋情和赋意

在前面部分，我们讨论了如何使公司的使命宣言对员工赋能、赋情和赋意，从而使他们能够深刻理解并贯彻执行使命宣言。在这个部分，我们主要关注如何向员工自身赋能、赋情和赋意，激励他们根据公司使命以对品牌有利的方式去行动。当员工感觉到品牌像人一样为他们着想的时候，他们会尽最大的努力去维护他们所服务的品牌的利益。因此（如图4-1所示），与品牌使命的赋能、赋情和赋意特征同样重要的是品牌能够创造让员工成为幸福个体的利益。

公司为员工赋能、赋情和赋意的几种方式与第3章所述类似。具体地说，它们可以：（1）通过解决问题和促进资源节约来给员工赋能；（2）通过运用感觉、认知和感人的诉求来给员工赋情；（3）通过反映员工的信念和希望以及培养归属感和独特性来给员工赋意。这样的举动能够赋予员工权力，让员工满足并鼓舞他们。通过使员工幸福，它们建立了员工对品牌的信任、挚爱和尊重，并最终使员工从内心形成品牌崇拜。需要注意的是，虽然我们阐释了聚焦于单个利益的各种方式，但某个特定的方式能够拥有多重效应——同时给员工提供赋能、赋情和赋意利益。

人性化赋能员工

给顾客赋能的做法使顾客有能力处理种种生活事务，从而建立顾客对品牌的崇拜。同样地，给员工赋能的做法也能在建立他们对品牌的信任和崇拜方面发挥强有力的作用。

通过解决问题

员工在工作的时候需要感受到被赋予能力和被授以权力。比如说，星巴克的员工会接受大量的培训。咖啡师基础培训项目为新员工提供了制作一杯好咖啡的必备基础知识。培训项目能提高员工的竞争力，也能增强他们的信心。当员工刚加入公司的时候，他们会得到《绿围裙手册》（Green Apron Book）。该书详细说明了要想在星巴克获得成功，他们需要做些什么。他们同时也会收到专用的"咖啡通行证"，这会为他们提供大量关于咖啡的信息。这些指南能够赋予员工能力，使他们对公司和产品知识有充分了解。因此，员工会感觉到星巴克在他们身上投资，并且帮助他们获得成功。这一信息有助于减轻员工的焦虑感，因为员工不知道公司的行为是否以员工核心利益为准绳。它同时也能够建立员工的自我效能感，使他们坚信品牌非常关心他们。

管理者事必躬亲会导致效率低下，甚至会侵蚀员工的信任。为了避免事必躬亲和不信任，要鼓励员工去做那些他们认为对消费者最有利的事情。星巴克的员工知道，当事情变得糟糕的时候，他们会获得支持和自主权，有办法去做使顾客开心的事情——甚至有时候会超出他们的日常工作范围。此外，星巴克鼓励员工积极地与他人交流自己的经验。比如说，在《绿围裙手册》里就鼓励员工"发现他人做的正确之事"，并就此彼此认可且互相感谢。

我们再看另一个例子，阿曼（Aman）酒店是一个标志性的、全球享有盛名的豪华度假酒店。它的使命构建于以下四个支柱：（1）保持度假酒店不受制度约束；（2）为客人提供一个豪华而私密的家，而不只是一个酒店；（3）通过将豪华酒店与当地独特的传统与文化相结合，为客人提供整体的度假体验；（4）保持极高水平的专属性。从一开始，阿曼酒店就在尽最大可能创建不同寻常的商业连锁酒店。员工始终被要求保持创新性和创造力，尽其所能为客人提供卓越的个性化服务和难忘的服务体验。管理者和员工被要求将酒店当作自己的公司来经营。这种特殊的工作文化使得阿曼酒店的员工能够持续地以真诚而且合理的方式来取悦支付高价的客人。

通过节约资源

员工也能以另一种方式被赋予能力。星巴克帮助员工节约自己的财务资源，通过为员工支付在亚利桑那州立大学读书的学费，该公司使员工有机会学习和提高自己。当工作地点很灵活，允许员工在家工作或者自行安排工作时间的时候，他们也能感觉到被赋予能力。员工会感受到较少的压力，因为他们可以自行安排工作和生活时间。在家工作也有助于节省我们最宝贵的资产之一——时间。谷歌公司不要求员工必须到公司上班。然而，这种灵活的方式并不意味着员工会不努力工作，相反，他们将工作完成得更好。

公司也可以提供临时宝宝看护服务和心理咨询服务等额外福利，从而使员工感觉到更少的压力和资源约束。考虑到睡眠不足对健康和工作效率的危害，一些公司（包括高盛投资集团和强生公司）为员工提供应对失眠的项目。Salesforce 公司提供了正念冥想工作坊、瑜伽以及其他的一些锻炼来缓解压力和改进决策。正因为意识到每一个人都是不同的个体，谷歌公司、德意志银行、甲骨文公司以及其他一些公司允许员工基于个人情况设计最有利于自己的福利待遇套餐，从而增强员工效能感和授权感。

人性化地赋情员工

工作场所的环境对员工的满意度，以及他们对工作的热爱程度和对品牌的崇拜程度有极大的影响。有多种方式可以让组织人性化地给员工赋情，让他们觉得工作激动人心、有趣，从而在认知上兴奋、在情感上愉悦。

通过感官愉悦利益

很多品牌接触点（例如，建筑的外部和内部设计、办公室的氛围、品牌标志和员工制服）会有意或无意地影响员工，办公大楼赏心悦目的外部和内部设计给员工带来的感官愉悦远远超过我们最初的预想。这是因为员工在工作时的每一分钟都暴露在这些工作环境下，办公室氛围对员工的感受有很大的影响。谷歌公司的员工拥有厨房、咖啡吧、棋牌室、带躺椅的露天阳台以及以百老汇为主题的会议室，每一个元素都和谷歌的哲学相一致，即"创造世界上最幸福、最具生产力的工作场所"。谷歌公司还提供其他感官愉悦利益，比如每周的修眉服务、瑜伽和普拉提课程，甚至包括吉米·法伦和贾斯汀·比伯的现场演出。以上所有的项目全部免费提供。穿着赏心悦目而且舒适的制服也能够赋予员工好心情。每天看见其他员工穿着漂亮的制服也会积极、正向地影响个人对品牌的感知愉悦度；相反，一些员工制服则会让员工觉得降低档次，使他们感到不舒服。

通过暖心利益

从有礼貌、提供支持的同事那里获得尊重、情感和关心，也会令员工感动。在一系列原则中，麦肯锡公司期待员工"为杰出的同事创造无与伦比的环境"，这需要通过以下措施来实现：（1）"具备无等级观念和包容性"；（2）"维持一个互相关心的精英管理体制"；（3）"通过学徒和导师制度互助成长"。创造一个人人想要做贡献的环境是很重要的。如果一个人被同事折磨得精疲力竭，那么他如何能够为客户提供创新的、有影响力的解决方案呢？其他一些暖心的福利包括为达到个人或职业里程碑的员工准备特殊礼物，或者是为遭遇重要人物去世等个人事件的员工提供带薪休假。

人性化地赋意员工

最后，公司可以通过多种方式为员工提供能够激励他们的赋意利益，从而增加员工对公司的尊重和对品牌的崇拜。

通过与信念和原则一致的利益

尽管品牌使命宣言里包含的信念和原则看上去非常鼓舞人心，但是员工必须内化这些信念。为了激励员工，史赛克制药公司鼓励他们观察外科手术并倾听病人康复的故事。正如一个员工所发现的："我看到某个病人的面孔因为我们的产品而重现生机，那太神奇了。"类似这样的机会都非常鼓舞人心，因为它们能让员工亲眼看见他们工作的影响力。

许多公司都会参与企业社会责任项目，旨在为世界做些好事。这些项目能够激励那些信任该社会责任项目和公司承诺的员工。有些公司鼓励员工积极地投入时间做志愿者，以便在工作之余为社会带来一些改变。有些公司甚至为员工的志愿者工作提供带薪假期。这些业余活动能让员工感受到他们不仅有时间为世界做些好事，而且他们在这些项目上花费时间也能够为公司及其形象增光添彩。

通过归属感和独特性

公司也可以开展一些给员工赋意的活动，让员工因为自己的地位感受到与他人的联结，或者因为自己的特殊性而产生与众不同的独特感。星巴克鼓励员工认可和欣赏他人，并对他人的贡献做出评价。听到对自己工作的赞扬和认可是非常有效的赋意活动。员工表示，当他们和朋友一起工作时，他们的工作会变得更加有趣、快乐、有意义和令人满意。在工作中有一个好朋友会使员工完全投入工作的概率提高七倍。在员工之间建立友谊不仅仅是有趣（这是赋意利益的一种），友情能够就我们一起工作的目标和心态建立共识。当员工互相强化彼此对公司的贡献的时候，他们会为身处同一个团队而感到骄傲。像Zappos、谷歌、Dropbox、CAPiTA滑雪板和西南航空公司都以培育工作友谊而闻名。工作友谊能够打造强烈的团队精神，包括互相尊重、认同感和同情心——比如，在升职期间互相支持，在犯错误的时候互相安慰，还有依个人状况给予建议和支持。

员工经常渴望自己的地位或成就得到认可，以此与众不同。麦肯锡的理念"解决最难的问题需要最聪明的人"以及它的信念"最优秀的人会被解决最难问题的机会所吸引"为麦肯锡员工灌输了大量的自豪感。公司给予员工的这种认可无疑能够为员工提供自豪感，促进员工对公司的尊重。它同时也反映了员工渴望的信念（为最难的挑战做贡献）和身份（成为最优秀的人）。麦肯锡公司还通过积极的校友和非正式的社交活动向新老员工灌输团队意识。

星巴克对在收银台工作的员工给予了"咖啡师"的头衔，这个头衔提供了尊严感和尊重感，可以帮助员工认识自我并产生对公司的尊重。例如，你有没有注意到星巴克的一些咖啡师穿着黑色的而不是普通的绿色围裙？这些员工都被授予了"咖啡大师"的头衔，被训练成为精英中的精英。公司的任何人都有机会接受特殊的培训和考核，赢得"咖啡大师"的称号。那些富有激情且勤奋的员工，即"想呼吸、睡觉和做梦都与咖啡共存"的人，必须经过五道严苛的考核，甚至要求在公司年会上进行公开演讲。

员工也能够通过他们与品牌的联系而感受到与众不同。之前，我们就曾提到制服能够带来感官愉悦，它们同时也象征着员工与品牌的联系。我们想要员工骄傲地穿着制服，通过他们与品牌的联系表达"他们是谁"以及"他们做什么工作"。比如在韩国，人们经常能够在大街上、公交车站以及机场看到穿着制服的亚洲航空公司的员工。美国海军陆战队独特的蓝色制服让别人知道，穿该制服的人属于"极少数值得自豪的"群体。

很多品牌还会为员工提供申请公务信用卡的机会，这不仅使员工更容易处理与工作相关的支出，同时也向公众表明他们和品牌的联系以及地位。还有，有些员工通过使用品牌主题的车辆牌照或者通过文身表明他们与品牌的密切关系。

关键知识点

1. 尽管管理客户关系通常被认为是营销的全部，但品牌也应该关注对自己员工的营销，这个过程叫作内部品牌化。

2. 员工在帮助公司实现价值提升方面可以发挥巨大的作用（如提高收入、降低成本、品牌拥护、员工招募和留任、员工士气等）。

3. 在内部建立崇拜从品牌使命开始。好的使命宣言应该详细说明品牌提供什么利益、为谁提供以及如何提供这些利益。要成为有效的品牌大使，员工需要理解品牌使命并且和品牌使命的每一个组成部分建立联系。

4. 公司的使命对内部品牌化起到关键的指导作用，好的使命能够体现如何给员工赋能、赋情和赋意。

5. 品牌同时也应该人性化地给员工赋能、赋情和赋意，从而建立员工的品牌崇拜。

你的品牌如何？

1. 你会如何评价你公司的品牌使命宣言？它是否对好的使命宣言的三个组成部分有详细的阐述：提供什么利益、利益提供给谁和如何提供利益？

2. 在让你的使命宣言与员工个人相关并且建立联系的时候，你是否考虑过3E中的每一个策略？

3. 你如何和你的员工分享品牌使命宣言？它是否被清晰、具体地阐述并且在长时间内保持一致？

4. 你的品牌使命宣言是否通过感官和暖心诉求传播？

5. 你的品牌使命宣言是否有鼓舞人心的信念和原则？

6. 你的品牌为员工提供了哪些人性化的赋能、赋情和赋意利益？

第 5 章
建立顾客的品牌崇拜

最好的品牌能使顾客的生活更加便利、更为满意、更有意义。

引言

并非所有人都喜欢邮轮旅行。在 21 世纪早期，皇家加勒比邮轮公司（Royal Caribbean）发现不喜欢邮轮旅行的人认为以下三类人才会乘邮轮旅行：（1）新婚燕尔（度蜜月的人）；（2）饮食过量（久坐不动的人）；（3）濒临死亡（退休的人）。许多人并不认为自己属于上述任何一类。但事实上，那些喜欢刺激、冒险、乐趣及希望有机会领略不同风景的人群是一个巨大的市场，而这些利益在当时的邮轮体验中并不常见。活跃的成年人是一个未开发的大市场，可通过广告和社会媒体触及。竞争者们也没有定位于这一群体，即使有，它们也不可能在竞争中超越皇家加勒比。同时，开发这一新市场也符合皇家加勒比成为邮轮行业领导者的目标，并且公司有资源和能力来满足市场开发的需求。皇家加勒比新的目标市场就此形成。为了吸引消费者，皇家加勒比在轮船设计方面做了创新的改造，增加了类似攀岩墙、滑雪场等设施。船上和岸上的活动都强调了顾客的需求。比如，欧洲航线的特色是设置了岸上到西斯廷教堂的远足活动，并且提醒顾客在一天的观光游览之后别忘了享受船上的SPA。

概述

上述的简短案例阐述了第5章的核心战略问题，具体而言，即通过为新品牌创建可靠的定位来建立品牌崇拜。在这一章，我们将描述定位宣言的特征及其开发过程中的三个战略决策（本章的总体框架如图5-1所示）。最后，我们将提出建立品牌崇拜的全新方式。

品牌定位宣言

定位宣言和使命宣言非常相似，两者最主要的不同之处在于定位宣言针对外部顾客而使命宣言则针对内部员工。同时使命宣言更为抽象，尚不足以具体到指导品牌如何定位于外部顾客，也无法详细说明哪一类营销活动或策略能够使品牌识别深入人心。当目标顾客是外部顾客的时候，品牌的定位宣言则充当着指导工具的角色。

定位宣言的组成部分

定位宣言是简短的内部文件，提炼了关于目标市场的特征、目标顾客追求的利益以及传播和执行这些利益的方式。如图5-1所示，定位宣言是三种战略决策的升华。定位宣言具体包括以下内容。

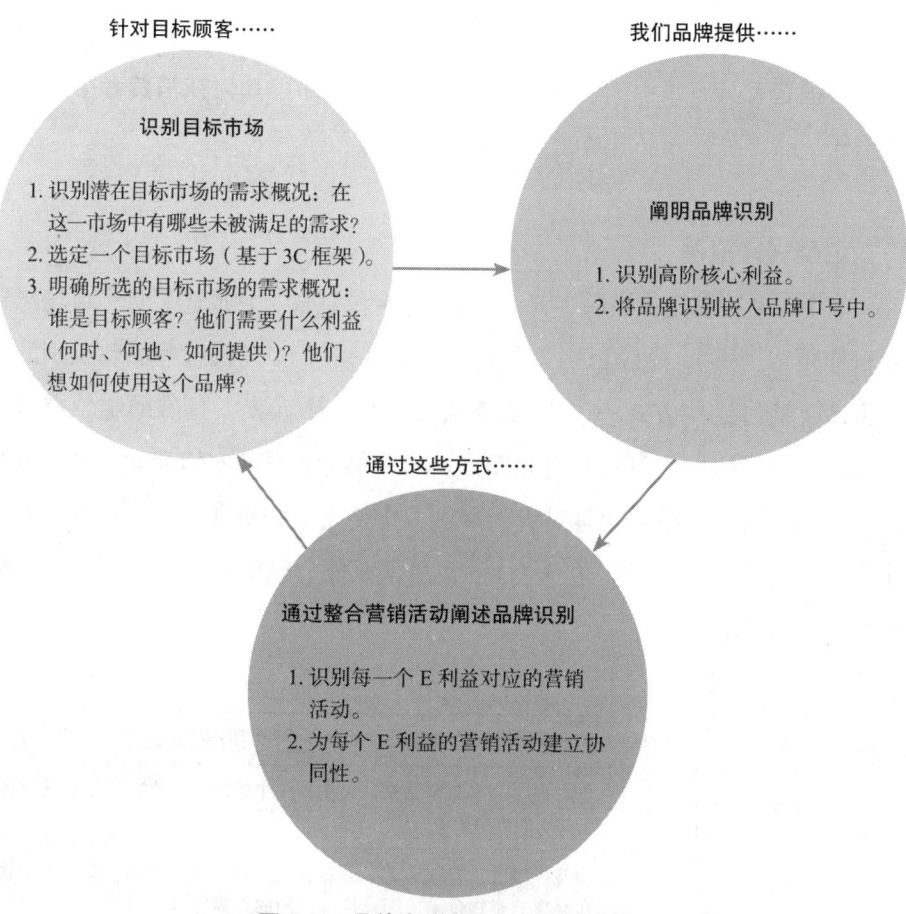

图 5-1　品牌定位宣言下的战略决策

1. 所追求的目标市场。它以"针对目标顾客……"开始，随后对目标市场进行描述。

2. 品牌识别，指对品牌所提供的核心利益的高度（抽象）总结。它以"我们品牌提供……"开始，随后对品牌提供的核心利益进行高度（抽象）总结描述，包括它的口号。

3. 使得品牌识别真实地存在于目标顾客脑海中的营销活动。它以"通过这些方式……"这一陈述开始。

好的定位宣言能够帮助员工理解品牌是什么、品牌能做什么以及品牌为什么对消费者具有吸引力。总之，它详细阐述了品牌如何在消费者中建立品牌信任、品牌挚爱和品牌尊重（以及品牌崇拜）。

定位宣言范例

表5-1阐述了宠物用品零售商Petco的定位宣言。它描述了目标市场（针对目标顾客……）、品牌识别（我们品牌提供……），以及这些品牌识别的实施方式（通过这些方式……）。实施作为最后一个元素，是好的定位宣言中经常被忽略但却极为重要的组成部分。如果没有考虑到实施元素，员工就难以清晰了解自己在建立顾客品牌崇拜过程中的角色和责任。此定位宣言范例中所描述的实施，并没有包括Petco在追求赋能、赋情和赋意利益过程中所有的具体营销活动。

表5-1 定位宣言范例

Petco的目标市场	针对那些尊重动物权利并且像爱孩子一样爱他们的宠物的人
Petco的品牌识别	比主要竞争者更周全地照料宠物，关注其一生的健康和幸福（正如其宣传语所阐述：共同的力量）
Petco的识别实施	（1）赋能利益：提供营养均衡的、原料有机且价格可承受的、有助于宠物一生营养和健康的宠物食品（因此使"共同的力量"具备可持续性）；（2）赋情利益：提供传播、促销活动和鲜明的包装/品牌标志，以强调"共同的力量"的感官愉悦和（或）暖心诉求；（3）赋意利益：通过反映宠物如何有能力与其他生命相联结来构建"共同的力量"

定位宣言开发的战略决策

定位宣言需要对图5-1中所示的三种决策进行战略性思考，即目标市场、品牌识别和实施方式。战略性思考包括如何比竞争者更快速有效地响应顾客需求，从而在顾客中建立品牌崇拜。

识别目标市场

在识别目标市场的时候,品牌管理者应该考虑图 5-1 中第一个圆圈所示的三个要素:(1)识别潜在目标市场的需求概况;(2)选定一个目标市场;(3)明确所选的目标市场的需求概况。

识别潜在目标市场的需求概况

潜在市场指的是那些需求未被现有品牌完全满足的未开发市场。顾客需求可以通过下列四种因素中的任何一种来描述,我们使用专业术语"需求概况"来描述目标市场需求的所有四种因素。

1. 顾客希望从产品中获得何种利益以及他们为什么想要这些利益。不但明确顾客正在寻求何种利益很重要,而且探究他们为什么想要这些利益也非常重要,因为一个既定的利益可能与不同的顾客需求相联系。顾客想要一杯不含热量的软饮料,原因可能是想避免健康出现问题,或者仅仅是不想增加饮食中的热量,或者觉得阿斯巴甜口感不好。明确顾客特定利益需求的原因能够帮助内部员工了解目标顾客的真实想法以及顾客购买行为的动机。

2. 他们何时需要这些利益。顾客对特定利益的需求可能是因为它们在特定场合的有用性。比如,在跑步的时候,顾客也许想要一个能够允许他们边跑步边听音乐的运动手表;在冬天下雪的时候,顾客则会想要特制防滑的汽车轮胎。

3. 他们会在何地寻求这些利益。比如说,想要在家享用咖啡馆风味的卡布奇诺也许是一片未被开发的市场,或许需要可以骑到办公室的自行车,也可能希望获取和分析来自任何地方的关键数据。

4. 他们想要如何使用或体验这些利益。比如说,他们或许想要无须费力打开瓶子就能使用的药品,喝利乐包装的咖啡而不是坐在咖啡馆里喝咖啡,或者是在线完成 MBA 课程学习而不是非去校园听课。

当我们基于上述四种因素逐一明确顾客需求概况的时候，我们可以最大可能地识别多个潜在目标市场。其中的一些或许会被整合，从而形成一个更大的、更具包容性的潜在市场。其他的市场或因不可操作性，在进一步的分析中很快被放弃。皇家加勒比通过考虑这些未被满足的需求，发现了一个未被开发的市场。对于"何种利益"而言，一个规模可观的市场想要采取行动以获得被赋情的感觉。他们想要趣味和冒险，也希望学到一些新的东西（认知刺激）。他们想在一次有助于提升地位的旅行中找到被赋意的感觉，这种旅行能够为他们提供知识、愉快晚餐、按摩以及与社交圈中其他人建立联系。从"何时何地"的出发点考虑，他们希望能够在和其他典型的家庭旅游者不同的时间段获得这些利益（赋能利益）。从"如何提供"的出发点考虑，他们希望利益能够以一种刺激和冒险的方式呈现（赋情利益）。对上述四个因素的界定帮助皇家加勒比识别了一个完全不同的、尚未被充分开发的、大规模的潜在目标市场。

通过 3C 框架选择一个目标市场

公司可以将 3C 框架（顾客、竞争者和公司）作为评定一个或多个潜在目标市场可行性的标准（如表 5-2 所示）。

表 5-2　3C 框架：选定一个目标市场的标准

顾客	竞争者	公司
顾客会积极响应这些利益吗？	我们能提供不同于竞争者的产品吗？	我们是否拥有资源和竞争力去提供这些利益？
市场的规模可观吗？	我们是否能在竞争中以质量取胜？	这些利益是否与企业的使命和愿景相一致？
市场是否可进入？		
新市场是否会蚕食现有市场？		

一个新市场仅在具备以下条件时才有发展前景：（1）顾客积极响应新品牌的利益；（2）有足够多的此类顾客以产生经济效益；（3）目标顾客容易被触及；（4）不会对现有市场造成严重的蚕食。当竞争者当前提供的利益与新市场需求的利益不匹配时，且/或他们以一种不会造成很大威胁的方式来运营时（例如，他们提供的利益非常小），产品就具有很好的发展前景。最后，从企业的视角出发，当企业拥有足够的人力、财力以及技术资源和竞争力来提供利益，同时服务于这些顾客是与公司使命相一致的时候，公司就遇到了发展良机（见第 4 章）。

皇家加勒比公司识别了一个新的市场，该市场的需求概况（比如，刺激和冒险）与企业已有目标市场及竞争者的目标市场大相径庭。该目标市场补充（而不是蚕食）了公司现有的产品线。其他竞争者没有定位于这个市场，并且鉴于皇家加勒比公司在邮轮行业的经验、投资以及信用，竞争者们也不可能造成威胁。此外，基于皇家加勒比公司此前在该行业的投资，它拥有足够的资源和竞争力来为顾客提供这些利益。强调刺激和冒险精神与企业的愿景相一致，正如公司网站所宣称的："通过给员工授权和赋能来为顾客提供最佳的度假体验，为我们的股东创造超额回报，同时为我们的社区提升福祉。"

阐明目标市场的需求概况

选定目标市场之后，我们需要弄清楚该目标市场的顾客。我们对目标市场的顾客了解得越多，在构建和实施品牌识别的时候就能够获得更多的指引（如图 5-1 所示）。目标市场通常以人口统计特征或心理统计特征的方式来描述。这些信息虽然能帮助我们了解如何触及顾客，但仍是有限的。比如，Facebook 在制定品牌战略的时候并没有考虑性别因素，红牛和 SAP 公司也没有。仅使用人口或心理统计特征，既无法告诉我们如何在市场中更具竞争力，也不能告诉我们如何与顾客产生共鸣。当对目标市场的描述包含了需求概况时，就会具有更大的信息价值。Petco 公司的目标市场描述（如表 5-1 所示）包含了顾客需求概况：顾客需要什么，如何为顾客提供以及谁是目标顾客。皇家加勒比公司的目标市场可以概括如下。

1. 他们是谁。活跃的成年人（人口和心理统计特征在描述目标市场时也许会有帮助）。

2. 他们的需求概况，具体来说：

（1）他们需要和想要什么，以及为什么。答案是有趣、学习和刺激，这使得他们因拥有新的人生经历而感到充实。

（2）这些需求在何时产生。除了度蜜月或者退休以外的其他时间段。

（3）这些需求在何地产生。在陌生的地方和异域他乡。

（4）顾客想要如何利用品牌来满足他们的需求。通过享受船上和岸上的冒险活动。

阐释品牌识别

选定目标市场和明确目标顾客的需求概况构成了阐释品牌识别的基础。正如皇家加勒比公司的案例所示，管理者应该从反映目标顾客真实期望的需求概况中识别核心的赋能、赋情和赋意利益。

品牌识别是品牌战略的基础，它就像品牌的"脸"，反映了品牌对顾客的核心承诺。它高度概括了顾客需求概况中所识别的核心利益。这一高度概括与赋能、赋情或赋意利益中的任意一种相关，也可能完全涵盖所有的三种利益类型。比如，红牛的品牌识别更多地反映赋能利益（即一款功能饮料）。相比之下，耐克的品牌识别高度抽象（给世界上每一位运动员带来灵感和创新），并且看似同时包含了赋能、赋情和赋意利益。品牌识别一旦被清晰表述，营销活动就能围绕品牌识别（包含了赋能、赋情和赋意利益）以清晰易懂和容易接受的方式来阐述和开展。这样，营销活动就和品牌识别相一致，并且两者之间能够相互强化，以使品牌识别（以及所涵盖的 3E 利益）变得生动形象、清晰、引人注目并且与众不同。

阐释品牌识别至关重要，因为作为品牌的核心承诺（例如，为顾客提供赋能、赋情和赋意利益），品牌识别是促使顾客选择该品牌而非其他品牌的关键因素。顾客之所以有动力选择该品牌，是因为该品牌更高层次的利益不但能够与顾客的需求（是什么、为什么、什么时候、在什么地方、如何提供）产生共鸣，而且这些利益是顾客从其他品牌中无法获得的。然而，品牌经理们通常难以清晰阐释品牌识别。

品牌识别应该具备相关度、区分度并且是令人信服的，因此品牌管理者应该首先问问自己：（1）品牌识别中表达的核心利益能够在多大程度上引起顾客共鸣；（2）该识别与其他产品／服务相比有多大程度的区分度（即它的新奇性和独特性有多大）；（3）顾客是否会信任它。我们会在接下来的部分考虑和探讨这些问题。

将核心利益纳入品牌标语中

当品牌识别嵌入贴近顾客语言的品牌口号或标语中时，就更容易传播这些高层次利益以及更为抽象的意义。品牌识别和品牌标语紧密相关但却是完全不同的概念。比如，阿尔迪超市的品牌识别是："我们尽全部努力，从购物车到收银台再到节能商店，以尽可能低的价格为您提供难以置信的优质商品。"而它更难忘、更简练、更贴近顾客的标语则是"我们降的是价格，而不是品质"。

定位宣言中充实的品牌识别可以指导员工的营销活动，而品牌标语则将品牌识别的精髓概括为面向顾客的、更吸引人注意的、更具吸引力的以及更令人难忘的短语。一些令人难忘的标语包括：宝马公司的"终极驾驶机器"、红牛公司的"红牛给你插上翅膀"、美国电话电报公司的"触手可及"以及 SAP 的"大道至简（run simple）"，它们帮助顾客通过个人经历映射的方式实现品牌识别的可视化。在许多传统的公益广告宣传中，标语具有强有力的、非常明显的效果，如"只有你能够阻止森林火灾""不动脑筋很可怕"和"朋友不会让朋友酒驾"。在当今竞争极其激烈的市场中，通过简短精炼的标语向外部顾客传播品牌的核心利益是必不可少的。

通过营销活动实施品牌识别

实施品牌识别的关键任务是为每一个E利益找到最具协同效应的营销活动，以此传播和执行品牌识别。在此，营销活动是指公司用来传播和实施品牌识别的所有营销活动，包括但是不限于与4P（产品、渠道、价格、促销）理论相关的营销活动。

为每个E利益的营销活动建立协同性

为了使传播和执行品牌识别的营销活动具有协同性，品牌管理者应该首先明确针对每一个E利益的营销活动。然后，他们应该确保每一个E利益的营销活动能整合起来传播和执行品牌识别。

营销活动的一致性和互补性

要想建立营销活动之间的协同性，首先需要识别与每一个E利益相关的营销活动，然后挑选那些和品牌识别最为一致以及互为补充的营销活动，以使品牌识别被真实感受到。一致性是指用于传达每一个E利益的营销活动之间一致以及和品牌识别相吻合。因此，这些营销活动应该反映品牌识别。在不能直接反映品牌识别的营销活动上花钱是浪费资源，属于不可接受的错误。互补性则是指被挑选的营销活动在传播和执行每个E利益的过程中能够最大限度地相互支持，并最终使它们的影响力变得更强大。

与每一个E利益相关的特定营销活动与品牌识别之间一致性越高，顾客就越能准确和快速地理解和认可品牌识别。在传播和执行品牌识别过程中，与每个E利益相关的营销活动之间的互补性越强，它们的影响就越大。换言之，

第 5 章 建立顾客的品牌崇拜

一致和互补的营销活动以更加协同的方式传播和实施品牌识别。

举例来说：In-N-Out 汉堡包在一个竞争激烈并且充斥着有关快餐与健康的负面新闻的市场中获得了巨大的成功，它的标语是"你能品尝到的品质"，品牌识别通过与每个 E 利益相关的营销活动进行传播和执行。顾客能够理解 In-N-Out 汉堡包提供的赋能利益，因为它驾车通过式的设计使顾客更容易获得菜单。而汉堡包制作流程高效，部分归功于餐厅简单的菜单。排队长龙快速消失。汉堡包的原料全部是新鲜的。餐厅的红黄标识和它醒目的商标易于识别。凭借这些与品牌识别相一致以及彼此之间互补（协同）的营销活动，消费者能够快速地理解 In-N-Out 汉堡包的品牌识别从而信任品牌。

类似地，消费者也能够理解 In-N-Out 汉堡包提供的赋情利益，因为 In-N-Out 汉堡包的营销活动提供的赋情利益也强调了"你能品尝到的品质"。这些利益包括店内的香味（与品质高度一致的新鲜气味）、面带微笑的员工、吸引着兴奋的顾客排成长龙的移动餐车（和高品质的汉堡包）。这些活动都非常一致，它们不会被看作数个分离的部分，而是一个非常清晰的、全局性的、整体的实体，其中每个活动之间都彼此强化。这些与品牌识别一致且互补（协同）的营销活动使得顾客欣然接受其品牌识别并促使他们对该品牌产生挚爱。

相似地，能够激发赋意利益的有效营销组合使品牌更加受到顾客的尊重。In-N-Out 那种促进归属感的社区氛围以及品牌对创始人价值观和原则的忠实反映（比如，关于品牌及其创始人的故事），都是与汉堡包的高品质口感保持一致的。这些互补的利益都被印在 In-N-Out 的杯子、杯垫以及其他宣传物品上，它们引起了 In-N-Out 顾客的共鸣。多重赋意的营销活动之间的协同性促进了顾客对品牌识别的理解以及对品牌的尊重。通过协同营销活动，顾客对品牌识别有了更为清晰的了解，而且他们会将个人体验与品牌识别相联系。由于每个 E 利益对顾客的重要性及其实施的协同性，将会最有力、最高效地产生品牌信任、挚爱和尊重。这种营销活动组合的视角与传统 4P 整合营销活动策略有显著区别，体现在：

- 所有的营销活动都扎根于品牌识别；
- 所有的营销活动都基于通过 3E 建立或强化品牌崇拜的目标；
- 营销活动的协同在一定程度上是基于一致性和互补性原则；
- 协同的成果是由发展品牌崇拜而耗费的时间与资源所决定的。

值得注意的是，In-N-Out 汉堡包案例描述了每一个 E 利益所分别对应的营销活动。然而，正如我们接下来要探讨的新加坡航空公司和卡特彼勒公司的案例所显示的，相同的营销活动（例如，一流的舱内娱乐系统、经销商咨询小组）能够影响顾客对不同 E 利益的感知。当同一营销活动不只影响一种 E 利益时，它对顾客的影响不仅非常有力，而且能实现成本节约。

典型案例：新加坡航空公司

新加坡航空公司是民航产业领域最受人崇拜的品牌之一。因其堪称模范的服务质量，它被广泛誉为行业的领导者和潮流风向标，顾客喜爱、信任并且尊重这个品牌。新加坡航空公司通过与顾客的每一次互动和体验真正控制着品牌识别。它是亚洲首家、全球第三家被国际航空运输协会的审计部认可的航空公司。新加坡航空公司将品牌识别嵌入标语"飞越万里，超越一切"（A Great Way to Fly）之中，并通过聚焦于卓越的服务和质量的一系列协同的营销活动向顾客传播和执行品牌识别。

如图 5-2 所示，2007 年新加坡航空公司成为全球第一家拥有世界上最大的飞机空客 A-380 的航空公司。它同时也是诸多舱内服务及娱乐创新的先驱，比如在所有客舱中提供餐食选择、免费的酒水饮料、免费头戴式耳机、热的香薰毛巾、私人娱乐系统和即时视频。新加坡航空公司将创新视

第5章 建立顾客的品牌崇拜

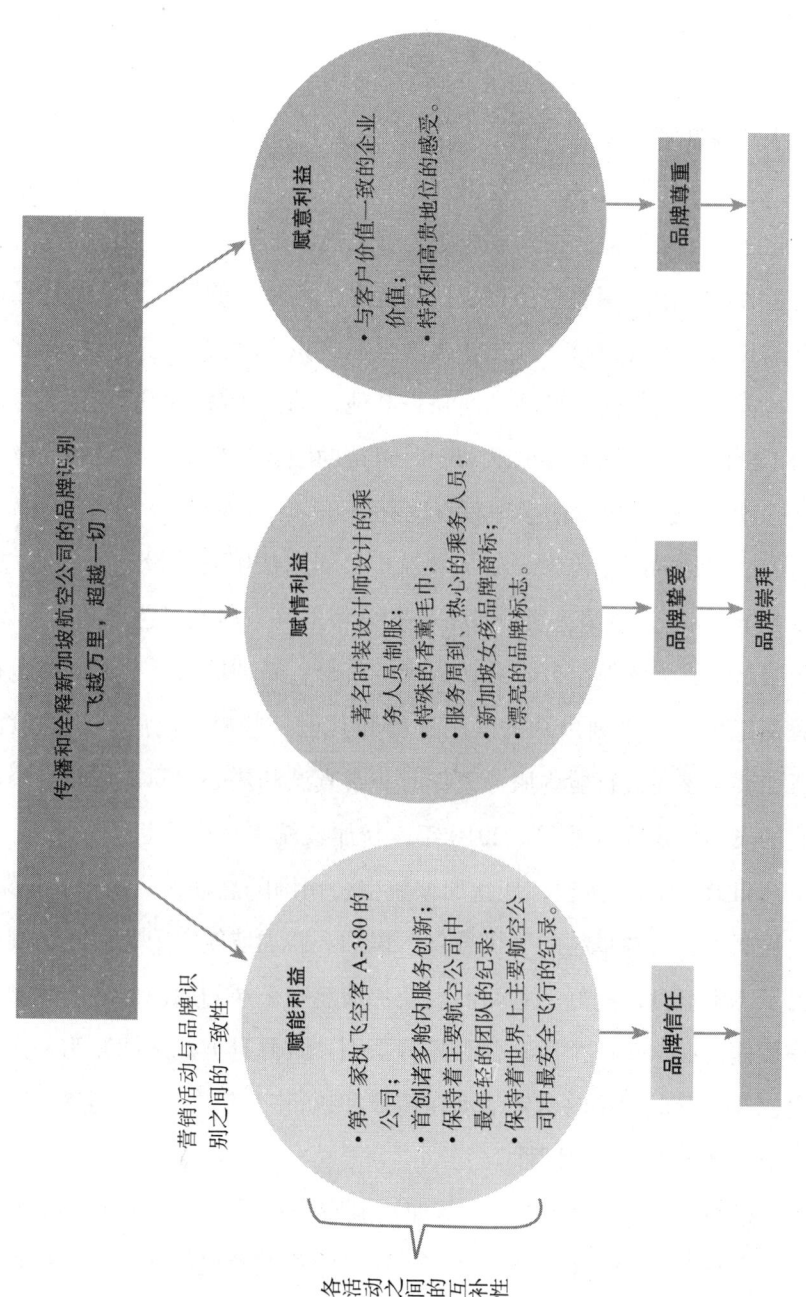

图5-2 传播品牌识别：新加坡航空公司

为品牌的重要组成部分。因此，它在世界上主要民用航空公司中保持着最年轻团队以及最安全飞行的纪录。

这些利益能够给顾客赋能，减轻顾客乘坐飞机的压力。它们也和"飞越万里，超越一切"的品牌主要识别相一致。此外，这些活动之间都强烈互补，彼此之间相互增强并最终形成更为强烈的协同效应。成为世界上第一家拥有空客 A-380 的民用航空公司，拥有世界上最年轻的飞行团队并且保持着世界上最安全的飞行纪录，这三者在增强品牌识别时彼此之间互相强化。如果仅仅具备其中的任何一种活动而缺失其他，都会让这些赋能利益变得比较无力和不可信任。这些互补的活动同时也帮助顾客减少了飞行途中的焦虑和压力，这意味着需要更少的生理和心理资源。

从赋情利益的视角出发，新加坡航空公司请法国时装设计师皮耶·巴曼（Pierre Balmain）为机组人员设计了一款独特的马来沙笼可芭雅制服。如今，这款制服已经成为该航空公司公认的视觉符号。新加坡航空公司同时也提供热的香薰毛巾、一系列出众的娱乐选择和其他一些提升品牌体验的舱内服务。新加坡女孩在进行舱内服务工作时非常真诚和热心。新加坡航空公司醒目鲜艳的飞鸟标识引人注目。2010 年，新加坡航空公司发起了"超越一切"（Above and Beyond）活动，从新加坡航空公司国际烹饪顾问团中收集菜谱，清晰地强调了它的"卓越的飞机餐食"识别。新加坡航空公司国际品酒顾问团确保了飞机餐食搭配好的葡萄酒。新加坡航空公司的舱内娱乐系统被认为是全球最佳之一。每一个活动都和品牌识别一致并且彼此之间互为补充。总而言之，这些看似微小的营销活动在传播和执行"飞越万里，超越一切"的品牌识别时具有高度的协同性。

关于赋意利益呢？2007 年，新加坡航空公司首次在新加坡到澳大利亚航线上使用空客 A-380 型号飞机执飞，次日它便在悉尼举办了一场典礼，宣布公司将会把来自该航班 455 名首航乘客的收入捐给 3 个慈善机构。主动承担社会责任的行为引起了顾客价值观和原则上的高度共鸣。新加坡航空公司同时也为那些希望有朝一日加盟公司的优秀大学生提供奖学金。2008年，新加坡航空公司成为世界上第一家提供全商务舱服务的公司，相继开通了新加坡到纽约以及新加坡到洛杉矶的航线。因此，乘客感觉到了地位的高贵和特殊。而且，除了订购头等舱和商务舱，乘客还可以订购私人航空套房。在彰显地位和声望方面，新加坡航空公司的PPS俱乐部通过提供优先服务和奢侈品给予乘客特殊关照。这些利益包括注重顾客舒适度的个性化服务、更高的随身行李额度、优先登机以及全球范围休息室的使用权。只有订购了头等舱、商务舱以及套房的乘客才能够享受上述特殊权益。为了强化作为新加坡人的自豪感，新加坡航空公司在中秋节期间提供了美味的月饼。所有这些活动都和"飞越万里，超越一切"的品牌识别相一致，并且在传播品牌识别的赋意利益方面互为补充。

典型案例：卡特彼勒公司

让我们来了解一个截然不同的品牌（卡特彼勒）是如何在营销活动中运用一致性和互补性原则创造协同作用的。

卡特彼勒公司通过大量与品牌识别一致的营销活动来传达它的赋能利益（如图5-3所示），以支持品牌识别（卡特彼勒是经销商愿意与之合作的伙伴）。卡特彼勒的产品质量高并且分销价格高。经销商将卡特彼勒视为值得信赖和全能的品牌，是基于卡特彼勒的高品质产品、高分销价格、独家经销方式以及经销商可就产品和营销方案提供建议的机会。经销商如此积极地参与，不仅加快了产品进入市场的速度，而且使得经销商与企业之间的关系更加紧密。因为卡特彼勒只通过独家经销网络销售产品，经销商们可以在商业经营中获取利润而无须担心卡特彼勒会绕开他们。卡特彼勒同时也提供高效的售后服务和支持，最大限度地减少终端用户的等待时间。公司还通过清晰的、易操

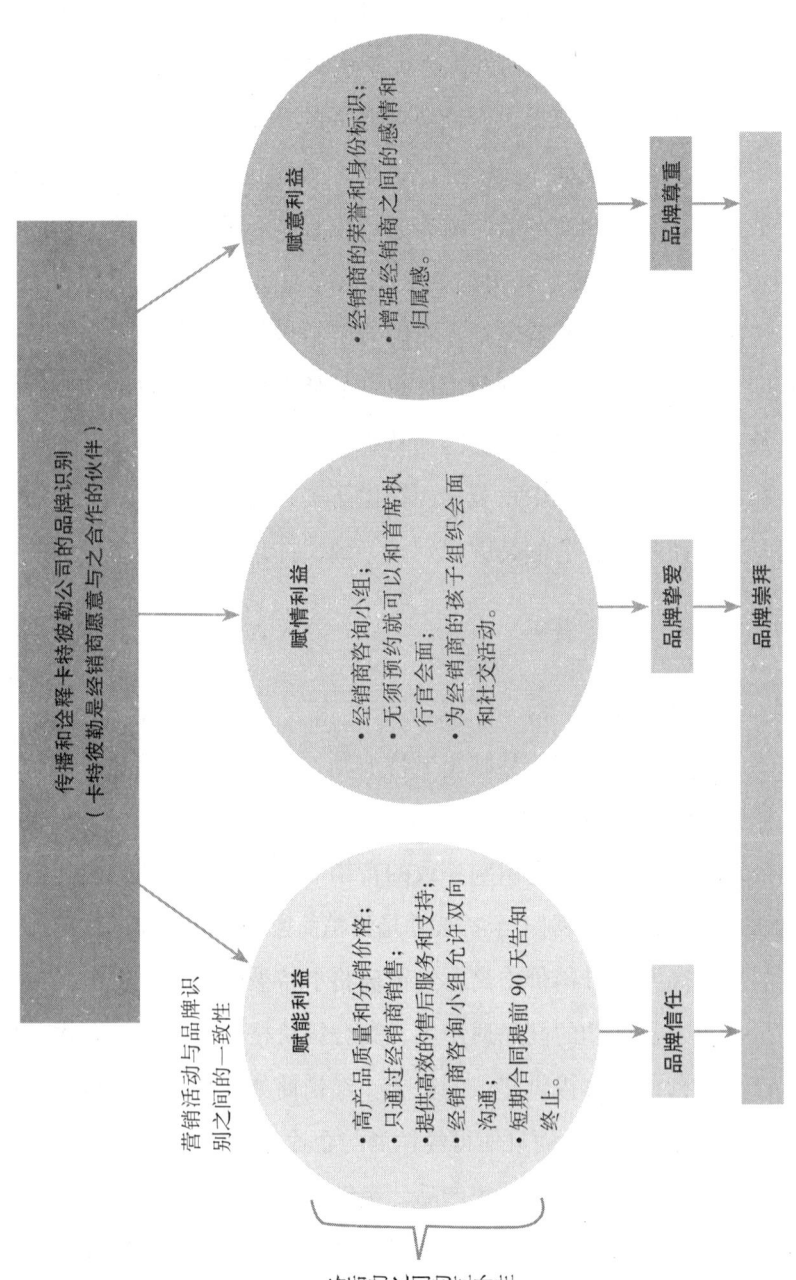

图 5-3 传播品牌识别：卡特彼勒公司

作的和值得信赖的销售流程，为采购其优质产品的经销商赋予能力。卡特彼勒公司的经销商咨询小组积极征求经销商的想法和意见，而且这些想法会反映到公司的产品开发和市场支持系统中。公司将经销商视为平等的合作伙伴，发展了一套精简的、无期限的伙伴交易合同。这个文件允许经销商无条件终止与公司的合同，仅需要提前90天告知便可。这些利益赋予了经销商能力，并且和公司总体的品牌识别一致。这些营销活动促使经销商信任卡特彼勒公司，并将自己的运营与卡特彼勒公司系统整合到一起。此外，这些活动在实现赋能利益的时候彼此支持，它们是极为互补的：彼此之间互为支撑，从而对品牌信任产生更大的协同影响。互补的赋能活动能够使顾客稀缺资源的耗费最小化。在减轻经销商压力、减少时间和能源的耗费上，卡特彼勒公司为经销商赋能而组织的营销活动具有显而易见的互补性。

卡特彼勒公司暖心的赋情利益也支持了它的识别。通过特定的营销活动，卡特彼勒经销商咨询小组使经销商对自己在促进卡特彼勒公司运营方面发挥的作用感到满意。经销商能够随时与卡特彼勒公司的首席执行官见面。这个由卡特彼勒公司发起的活动代表着公司的高层管理者对经销商的重视。经销商非常担心自己退休后公司的未来，因为大量经销商是家族企业。为了解决这种担忧，卡特彼勒公司组织会议和社交活动，让经销商的孩子了解卡特彼勒公司并且使他们对公司感兴趣。每个活动都能触及经销商的情感并且促进经销商与公司建立更亲密的联系。因此，经销商与卡特彼勒公司的关系也更紧密、亲密和私密，最终促进了强烈的品牌挚爱。

最后，对于赋意利益，卡特彼勒公司的使命是制造、销售和维护能够让世界运作起来的机器。经销商为自己能成为卡特彼勒公司的代表而感到自豪，因为他们相信并且认同卡特彼勒公司使命中包含的价值观，如同自己的价值观一样。除此之外，全球范围的卡特彼勒经销商之间展示了强烈的友谊，这样的友谊部分来源于公司一年一度的经销商年会。通过成为卡特彼勒组织的一部分，经销商感受到被重视、被接受和被照顾。他们以成为经销商群体中的一员而感到骄傲，而且作为群体的成员，他们相信自己是在为创造更好的世界而工作。这个信念让经销商感到自豪，它向别人提供了有力的信号，表明"他们是谁"以及"他们在做什么"。自豪感及其背后的身份信号增强了"卡特彼勒是经销商愿意与之合作的伙伴"的品牌识别。

这些强化自尊的行动与品牌识别（"卡特彼勒是经销商愿意与之合作的伙伴"）高度一致。若经销商对他们与卡特彼勒公司的关系缺乏自豪感，也难以成为公司商业系统中积极的成员。此外，世界各地经销商之间的情谊和他们为世界做更多善事的共同信念彼此之间互为补充，促成了强烈的品牌尊重。

定位宣言和财务目标

我们没有将销售额、市场份额等财务目标作为品牌定位的一部分。它们是来自公司各个领域的产出，而不仅仅是营销领域。它们应该以各个职能领域（如营销、销售、生产、研发以及渠道/物流）之间的相互支持和协调为基础。定位宣言应该只包括营销直接控制之下的要素：目标市场的识别、品牌识别的开发以及传播和实施品牌识别的营销活动的开展。估算市场份额、总收入等财务目标总是很困难的，尤其对一个新品牌而言。然而，如果基于品牌传播和实施品牌识别的能力和机会，对财务目标的估算就会更容易、更准确。此外，考虑到传播和实施品牌识别的营销活动，这也能帮助经理层为开展活动编制合理的预算。

关键知识点

1. 建立顾客崇拜的品牌从识别需求未被满足的市场良机开始。这些机会可能包括提供为顾客赋能、赋情和赋意的新的利益，以及在何时、何地提供这些利益和如何提供这些利益才能使顾客愿意接受。

2. 当潜在目标市场具备以下条件时：（1）反应积极；（2）规模大；（3）可进入；（4）不蚕食现有市场；同时，当公司能够比竞争者更可靠地提供一些利益时，潜在目标市场被认为吸引力更大。

3. 当营销人员掌握了需求概况，并明确了消费者是谁，需要什么以及何时、何地、以何种方式需要的时候，营销人员才能最好地理解体现公司品牌识别的具体利益。

4. 品牌识别是一个品牌的"脸"，它代表了品牌对顾客的关键承诺。

5. 当营销人员的营销活动具有协同性时，他们能更有效地建立品牌信任、品牌挚爱和品牌尊重。也就是说，他们的营销活动和品牌识别一致，并且在传播和实施品牌识别的时候能够互补。

6. 考虑哪些营销活动将被用于传播和实施品牌识别（以及3E），这能够使营销人员更合理地编制支持这些营销活动的预算。

你的品牌如何？

1. 你会如何选择你的目标顾客？在识别新市场机会的时候，你在多大程度上考虑了图5-1中列出的因素？这些因素如何影响你对目标市场的选择？

2. 你会如何描述现有目标顾客？你的描述是否包含了他们需求概况的相关信息（例如，他们想要和希望的是什么、为什么、什么地点以及什么时候需要、想如何获得）？

3. 你的品牌识别是什么？你是如何选择这一品牌识别的？

4. 你如何选择各种各样的营销活动？你能清晰地将它们分成3类利益吗？它们能分别以各自独特的方式支持品牌识别和3E利益吗？

5. 你实施品牌识别（营销活动的组合）与新加坡航空公司和卡特彼勒公司有多大相似之处？

6. 你是将预算建立在一致和互补的营销活动之上，还是将营销活动建立在事先编制的预算之上？

第 6 章
建立第一品牌回想

品牌名称和视觉的设计元素必须体现这一品牌的特点。

引言

自从食盐成为众多产品的调味料以来，顾客普遍关心的是最终产品（例如汤）的味道如何，而非食盐是由莫顿（Morton）或其他食盐品牌所生产的。但是，莫顿食盐品牌在一个多世纪的时间内保持着高度的第一品牌回想。品牌具有强烈的第一品牌回想是指当顾客想到某个产品类别时，不经过任何提示，一个品牌自动映入脑海。需要说明的是，第一品牌回想和品牌识别有所不同。回想是更强烈的记忆形式，一个人不但可以识别出这一品牌，而且可以不由自主地回想起这一品牌。莫顿是如何实现如此强的第一品牌回想呢？有些人可能认为它的第一品牌回想来自卓越的产品质量。莫顿食盐确实超过了这条质量标准，但是我们很难说质量是它形成卓越第一品牌回想的主要原因，因为顾客可能无法区分莫顿食盐和其他竞争性替代品。还有些人可能认为莫顿食盐之所以具有较强的第一品牌回想，是因为它如此长期地存在于我们身边，以至于我们对它耳熟能详。但是其他品牌，如红牛、谷歌、苹果和维多利亚的秘密，虽然在市场上的存在时间并非很长，我们却很容易回想到它们。我们认为品牌的第一品牌回想之所以如此强烈，是因为品牌的包装、标志和名称提供了重要的线索。

　　莫顿食盐的包装很好用，哪怕在潮湿的天气里也能倒出盐来。同时它的外观对称而美观。品牌名称（莫顿食盐）和标志（打伞小女孩）是其包装的一部分（如图6-1所示）。可爱的打伞小女孩的标志无疑是吸引眼球的。这可爱美观的包装设计、标志和朗朗上口的品牌名称交织在一起，赢得了人们的关注，促成了对品牌名称的回想。确实，我们相信品牌名称、标志和包装（或产品）设计是品牌回想的关键工具。本章我们会阐释其中的机制和原因。

图6-1　莫顿食盐的包装、标志以及品牌名称

资料来源：Morton Salt Inc., A K+S Group Company

第6章 建立第一品牌回想

概述

在第3章中，我们指出当品牌崇拜较高时，顾客会与品牌建立强联系（品牌—自我联结）且容易回想到品牌（第一品牌回想）。在第5章，我们探讨了营销管理者如何通过确保3E有关的营销行为与品牌识别保持一致、相互补充来培育品牌崇拜。很多（一致和互补的）营销行为对于传播和实施品牌识别而言至关重要，从而建立了品牌—自我联结和第一品牌回想（如第5章所述）。但是我们相信，特定的市场行为对形成强烈的第一品牌回想是特别重要的：（1）品牌名称；（2）标志；（3）产品或包装设计。

确实，这三个要素是第一品牌回想最有力的促进者，因为这三个要素通常是顾客最频繁接触和体验到的，它们是代表或体现品牌的视觉要素。作为品牌象征，它们就像雨伞，顾客会将其他所有的营销行为归于其麾下。其次，它们是产品的固有要素。品牌名称、标志及产品或包装设计也是品牌标识符和区分点。我们认为，战略地应用上述三个要素可以使第一品牌回想最大化。不过，首先还是让我们来探讨与第一品牌回想相关的两个关键问题。

第一品牌回想的关键问题

考虑以下两个与第一品牌回想有关的问题：（1）第一品牌回想对品牌崇拜的重要性；（2）什么因素能够首先促使第一品牌回想。

第一品牌回想的重要性

如我们此前所述，当顾客崇拜一个品牌时，有两件事情是确定的：他们已经和品牌建立了强联系，并且可以毫不费力地回想起它。对于一个拥有高度崇拜的品牌来说，这两者都成立。试想一个跨越了四代人的家庭相册。毫无疑问，它能够反映相册主人的家人及他／她与家人之间的关系。但是，如果它的主人把它深藏在壁橱内并且很少想起它，它又有什么真正的意义呢？通过 3E，品牌崇拜建立了强的品牌—自我联结并且易于回想。易于回想是非常重要的，不仅仅是因为它是品牌崇拜的两种特征之一，而且因为它直接和品牌财务业绩相关。

当顾客思考应该买哪个品牌时，回想度高的品牌更可能被纳入考虑范围。正因如此，之前的研究一致表明第一品牌回想和品牌市场占有率之间强烈正相关，我们对此毫不意外。但是第一品牌回想的财务收益并不仅限于市场占有率。品牌回想同样影响需求占有率。需求占有率的定义是，在一个固定的时间段内，品牌在所有满足相同需求的产品中的占有率。举例来说，顾客 A 的可乐需求占有率，是指在一个特定的时间内，此顾客在可乐上的花费占他在所有满足同一需求的产品上支出的比重。如果顾客 A 只购买可乐来满足其饮料需求，则他的可乐需求占有率就是 100%。当第一品牌回想提升时，需求占有率也相应提高。

什么能够增强第一品牌回想？

品牌易于回想的程度由很多因素决定，但其中最重要的是：（1）消费者感知（或编码）时对于品牌信息有多大程度的注意；（2）他们对品牌的思考（或加工）有多深入；（3）信息如何被呈现（如视觉的、语言的、听觉的等）。

注意和编码

当信息（图片、文字、声音、气味、触觉、味觉）通过一种或多种认知方式被编码或加工时，记忆就出现了。编码将我们所接触事物的各种各样的语言或感官特征（如品牌名称、产品或包装）结合起来，形成一个整体的记忆表征。举例来说，当看到一个品牌标志时，你就在对其形状、颜色、有关的声音或言语以及名称进行编码。这些信息通过一个被称为固化的过程形成整体的记忆表征。固化使记忆表征稳定下来，形成长期记忆。

编码对于第一品牌回想尤为关键。如果我们尚未对品牌名称、标志或包装进行编码，我们显然不会记住它。当消费者注意到将被编码的对象时，编码就开始了。当注意力被分散或破坏时，编码就被削弱了，后续可能难以回想起它。因此，注意力是第一品牌回想的首要驱动力。在如今激烈的市场竞争中，为了让我们的品牌被消费者记住，我们需要考虑如何让它吸引注意力，从而进一步被编码。

精细加工

我们记住某个事物的能力同样受到我们对其进行思考或精细加工的程度的影响。精细加工是我们思考信息的过程，也就是说，我们花费时间和注意力对一种事物进行了解并将它与我们所熟悉的事物建立联系。举例来说，我们和他人初次见面时，你可能马上忘记他们的名字。但是当你注意某人的信息（例如名字、面部特征、政治观点）并进行深度编码时，你可能会记住他/她的很多事情。我们对所接触到的事物思考越深入，对其记忆的整体性和持久性就越高，这让回想变得更加容易。

信息如何被呈现

品牌信息被呈现和编码的多个通道（如视觉的、听觉的、语言的）也影响了记忆。视觉信息是通过形象加工进行编码的；听觉信息则是通过语音回路来进行编码的，在此过程中声音以默读的方式复述。举例来说：当有人叫你名字时，他/她的话音过后几秒内你脑海中仍可"听"到他/她所说的内容。触觉、味觉和嗅觉也以不同的通道进行编码。语言信息指有意义的书面描述或词语。一个人根据语义特征，即有意义的词语，来编码语言信息。举例来说，顾客可能认为苹果代表着革新与创造力，因为它的标语是"非同凡想"（Think Different）。

当信息被多种通道编码时，它能被更好地记忆，因为会有更多的碎片信息被合并在一起形成该事物的记忆。多个通道展示的信息激活了大脑的更多区域，这让人们更加容易从记忆中回想起它。举例来说，相比于没有听觉线索的视觉标志，一个含听觉线索的视觉标志（如 AFLAC 保险公司的鸭子）能被更好地记住。除此之外，相比于单独的标志或标语，标志和标语的组合（如耐克对钩标志和它的口号"Just Do It"）更易于被记住。当信息被多通道编码时，想起任何一种形式（如耐克的对钩）都有助于联想起其他内容（如耐克的名称）。

有效地创造第一品牌回想

在以下各节中，我们会讨论营销人员如何应用品牌标志、名称、产品/包装设计来促进第一品牌回想，以及如何用多种通道来编码这些要素。图 6-2 展示了一些要素，这些要素可以被战略性地使用，以促使第一品牌回

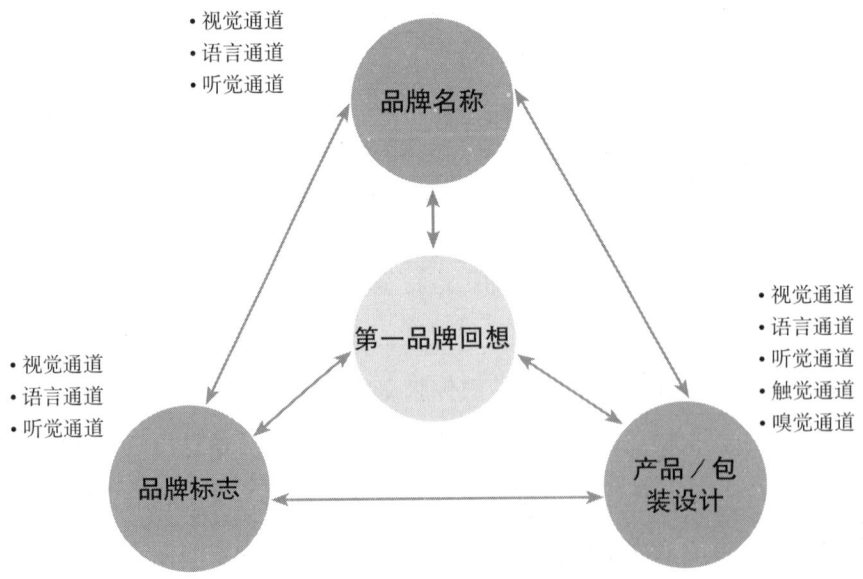

图 6-2　加强品牌回想的营销行为

想最大化。需要说明的是，这三个要素作为营销行为变量，与其他营销行为一样，不管它属于哪个E利益，都必须尊重品牌识别的一致性和互补性原则。如第5章所强调，这三种营销行为中的任何一种都要反映品牌识别，同时对所属E利益中的其他营销行为有所补充。在一致性和互补性原则下，它们在建立品牌信任、品牌挚爱和品牌尊重过程中所发挥的作用与其他营销行为相同。

通过品牌标志加强第一品牌回想

标志可以被分为不同类型：一类标志仅有品牌名称，如可口可乐、谷歌和IBM；另一类标志使用独立的视觉符号，它们可能包含或不包含品牌名称，这类例子包括法拉利的跃马标志、劳力士的皇冠标志和梅赛德斯-奔驰的三叉星标志。仅含品牌名称的标志可使用颜色、字体等视觉元素来加强注意力和精细加工。不过，我们的研究表明，有图形元素的标志（无论仅有图形标志，还是图形标志与语言元素的组合）更易于被人们回想，因为它能获得更多的注意和引发加工。品牌标志对品牌识别也非常重要。对于奢侈品品牌来说，标志是反映一个人的社会地位或形象的特别有效的象征。不过，顾客在喜欢不张扬、低调的（小的、不炫耀的）标志和大的、炫耀性的标志方面是有差异的。

视觉通道

图6-3列举了一些能引起注意和精细加工的标志，它们把视觉加工通道和品牌名称结合在一起。芭斯罗缤（Baskin Robbins）冰激凌的标志唤起了我们每个人内心的童真，即吃冰激凌时那份纯真的快乐。它的标志看起来像一个孩子画的：标志中间粉红色的31清楚地代表了品牌的31种口味；

图 6-3　知名品牌的标志

资料来源：Dunckin' Brands Group Inc.; Land Rover UK.

标志中间的蓝色蛋筒和粉色蛋筒传达出这个品牌适合于每个人，不论男性还是女性。塔吉特（Target）百货公司标志的白色背景和引人注目的红色以及公牛眼睛形成鲜明对比，从而吸引了顾客的注意。它在视觉上表达了塔吉特为主流购物者寻求高质优价产品的根本承诺。捷豹（Jaguar）标志通过经典的造型和深色背景带给顾客视觉上的惊艳和愉悦（赋情利益），从而吸引了顾客的关注。这个动物凶猛的外观、可控的动作以及适时跃起的能力，向顾客传递和强化了这样的观点，即汽车能很好地保护顾客，给予顾客所需的力量和控制力，带给顾客完美的驾驶体验（赋能利益）。此外，这种动物（大自然中的野生美洲豹）的稀缺性也向顾客传达了品牌的声誉价值和赋意利益。这个品牌标志向顾客传递了驾驶体验，告诉顾客捷豹是少数富人才能拥有的（赋意利益）。

语言通道

包含语言元素（例如口号）的品牌标志能获得注意并引起精细加工（如图 6-4 所示）。作为语言元素，口号能帮助人们深度加工标志信息。图 6-4 的例子不仅仅在视觉上吸引人们的关注，而且还帮助人们用更精细的方式去加工标志，因为这些标志本身包含了一定意义 [如 "Just Do It"（想做就做）]。

图 6-4 带口号的品牌标志

资料来源：Nike Inc.; McDonald's; Apple Inc.

听觉通道

听觉（声波元素）是指与一定实体（即品牌标志）相联系的声音。声波元素之所以能够加强第一品牌回想，有以下几方面原因：第一，它们以自己的方式来创造对标志的兴趣和注意。第二，通过将标志与听觉线索相联系，顾客会对此标志在另一加工通道进行深度编码。他们会更深入阐述它的意义，产生更多有关标志的联想，并将它与自己的个人知识和经历联系起来。因此，在标志的视觉和语言元素中加入声波通道会使它更便于回想。一些声波线索会加强第一品牌回想，因为我们在听到或看到它们的前后会有所期待并在脑海中进行复述。一个人仅仅看到鸭子的标志就可以回想起 AFLAC 保险公司的鸭子叫声。类似的还有面团宝宝（Pillsbury Doughboy）嘻嘻笑的可爱声音和托尼虎（Tony the Tiger）的"太棒了"（They're Gr-r-reat!）。因为当顾客期待、注意并在头脑中复述声波元素时，对声波元素的记忆和与之有关的内容都会被强化。

总的来说，当标志在语言、视觉和听觉上吸引人们的注意力并引发精细加工时，品牌标志（以至品牌自身）的回想能够被加强。

通过品牌名称加强第一品牌回想

除了标志,在保持促销成本不变的情况下,当品牌名称能获得更多顾客的兴趣和关注,并被更加深入地编码和精细地加工时,品牌名称的回想可以得到强化。由于这些原因,最初提出品牌名称时考虑名称在视觉、语言和听觉方式上如何呈现就尤为重要。

视觉通道

品牌名称以不同的字形、字体和颜色来描述。字体是品牌识别的重要表现,因此非常关键。一个无衬线字体比扁形字体或块状字体更能传递清晰、现代感的印象,手写字体传达了更个人化的感觉。迪士尼选择的字体清晰地表达了品牌的创意和魔力特质。品牌名称也能唤起记忆中的图像,特别是当名字是具象的和可想象时。以汰渍(Tide)品牌名称为例,它能够唤起人们脑海中大海和汹涌潮水的图像,而这一图像对品牌名称和它的利益具有补充性。

语言通道

当品牌名称能吸引人们的注意力并引起精细加工时,例如包含品牌利益的描述,就会让品牌更易于回想。一些名称难以记住,是因为它们不够独特、太抽象而不能可视化 [如碧丽珠(Pledge)],或没有与任何内在的含义相联系(如梅赛德斯)。有些品牌名称易于回想,是由于具备独特性或精确描述了品牌利益。最近,有关品牌的一个有趣趋势是使用短语作为品牌名称。比如"我不能相信它不是黄油"(I Can't Believe It's Not Butter)在众多品牌中非常独特,因为多数品牌名称都较短。此外,这个名称体现了品牌利益。通过唤起顾客对品尝一个看似黄油而非黄油产品的想象和愉悦感,品牌名称促进了顾客的精细加工。其他例子包括"沐浴和身体护理用品"（Bath & Body Works）、"食必美味"（Food Should Taste Good）和"行走的公司"（The Walking Company）。尽管目前对基于短语的品牌名称回想效果的研究较少，但是它们的确具有吸引人们的注意力并引发精细加工的特征，进而增强了品牌名称回想。

听觉通道

品牌名称的发音形式同样影响我们的第一品牌回想。比如，当重复音节的品牌（如 Hubba Bubba, Lululemon）被大声说出来时，能给人带来愉悦并引起关注，因此我们会在头脑中复述它们。V8 蔬菜汁在广告中使用"bop！"的发音来帮助品牌回想。除了吸引人们的注意力以外，声音也能传达意义。语音象征是指仅仅一个词本身的发音就能传达意义。像 dull、blunder、clumsy 等词中的后元音都传达了一种消极的感觉，易于表达一种沉重、巨大的事物。相反，像 pinch、slim 等词中的前元音，传达了一种小巧的含义。另一项研究表明，叫 Frosh 的冰激凌比叫 Frish 的冰激凌让人感觉奶油更多、更顺滑、更丰富。像 putrid 中后元音的 u 更常见于表达厌恶的词汇中，带来消极的印象。声音的象征性用特殊的标签、概念或形象把品牌名称和人们连接起来，促进了品牌名称回想。

综上所述，品牌名称如果在视觉、语言和听觉上吸引人们的注意力并引起精细化加工，品牌名称的回想就会得以强化。

通过产品（包装）设计加强第一品牌回想

加强第一品牌回想的第三个关键要素是产品设计或包装设计。

视觉通道

研究表明，产品设计或包装设计的两个特点会影响品牌回想：可爱的设计（如 Hello Kitty 或 Beats Pill 代言人）和美丽的设计（如劳力士 Datejust 手表、香奈儿经典翻盖包）。这两者都能吸引人们的注意力和引发精细加工，但是方式却有所不同。当某个事物拥有代表着年轻、幼稚、天真的特定视觉特点时，人们称其为可爱，因为这些特点代表了婴儿或孩童。当某个事物成熟、精致和优雅时，我们称其为美丽。美丽的印象通常和产品的对称性、统一性等联系起来。看上去可爱的设计通常有圆润的外观和较大的上下比例差异，美丽（优雅）的设计通常有苗条的外观和平衡的上下画面比例。

我们的研究发现，人们表现出强烈的内在兴趣和渴望去接近和拥有可爱和美丽（优雅）的设计。但是，可爱和美丽的设计引发了两种不同的动机：可爱的产品或设计引出了呵护的动机——想要照顾或拥有这个产品，放在心间，不让其离开；美丽（优雅）的产品或设计引出了自我展示或象征的动机——想要通过拥有产品向他人展示自己。但是可爱和美丽的设计都各有弊端。可爱的设计类型往往和不精致或不严谨相关，这可能降低对功能的期望（降低所感知的赋能利益）。外观美丽的设计无法长时间吸引人们的注意力，因为人们会变得对此类设计不再敏感。

尽管如此，我们可以通过设计同时包含可爱元素和美丽元素的产品或包装，用一方的长处来弥补另一方的弊端。我们称这一设计为可爱之美。图 6-5 展示了两个有趣的例子。这些可爱之美的产品设计或许能最大化地吸引顾客，因为它们包含了美学和有趣两种元素。它们不会有仅仅是设计可爱而面临的感知质量问题，也不会有仅仅是设计美丽而面临的感觉衰退问题。此外，它们同时激发了人们的呵护动机和展示动机，人们因此而产生更深度的编码和更多的思考。综合上述原因，可爱之美的产品设计会让人非常难忘。

轻骑维斯帕（Vespa Scooter）的设计

轻骑维斯帕的设计既美丽又可爱。这个轻骑的线条笔直而光滑，展现了它意大利的运动基因。然而，真正吸引人的是它的可爱特征。它中间没有支撑杆，骑行者可以直接跨上去，将脚放在摩托车里面。而且，轻骑的尺寸增加了它的可爱，散发出勃勃生机和青春活力。

博朗咖啡机（Braun）

博朗咖啡机因为其光滑的形状而抓人眼球。这个设计优雅而极简抽象，比例协调。此外，设计当中有些可爱的元素，比如柔和圆润的外观和雅致的大手柄。可爱和优雅的组合使得这个咖啡机惹人喜爱。

图 6-5　可爱之美的品牌例子

资料来源：Piaggio Group；Delonghi Group

语言通道

除了视觉通道，任何能引发顾客注意并精细加工与品牌有关信息的独特信息，都应该作为产品或包装的一部分来突出体现。举例来说，圃美多（参见第 2 章）通过产品包装用简单的词汇形象地展示和描述了品牌的生产理念，从而获得了顾客的注意，也帮助顾客理解和认同圃美多的核心理念。另一个例子是 WD-40[①] 公司的"那个拥有上千种用途的罐子"。WD-40 公司通过罐子上的描述性语言，分享了产品的多种用途：从保护金属免于生锈和腐蚀到去除湿气，再到使各种金属得以润滑。WD-40 公司还在罐子上描述了公司名称背后的独特历史，指出这个名字来源于创始人诺曼·拉森（Norman Larsen）创造产品时的 40 次尝试。这种言语的描述有助于抓住顾客的注意

---

① WD-40：一种适用于金属的除湿防锈润滑剂，公司总部设在美国加州圣地亚哥。——译者注

力，让品牌名称更加突出，有助于对品牌更加精细化的加工。

听觉通道

产品设计的音频特征能通过吸引关注和引发精细思考来增强第一品牌回想。举例来说，回想一下第一次打开巴黎水（Perrier）时的嘶嘶声，其音量和音频如同喷雾罐发出的声音。与定位于女性顾客的多芬（Dove）除臭剂的悦耳声音相比，定位于男性顾客的斧牌（Axe）除臭剂，其喷雾声音更为有力。产品设计元素可以包含声音（或缺乏声音）。试想美诺（Miele）洗衣机的噪声控制为你提供了难得的安静，保时捷911 Turbo汽车的深度全油门排气声浪让你的心窝颤抖，奇巧（Kit Kat）巧克力掰断时的咔嗒声传递出的美味，以及奔驰再次确认车门关闭时的独特声音。人们可以通过包装设计的音频线索来影响品牌回想。例如，家乐氏糖霜麦片的包装上有"它们棒—棒—棒极了"（They're Gr-r-reat!）的标语。当包装上标语的语音内在地强化了品牌的声音线索时，就可以拉近顾客和品牌标志的关系。这有助于抓住顾客对包装的注意力，也有助于引发他们对品牌更多的精细加工。事实上，我们难以把"它们棒—棒—棒极了"从脑海中抹掉。

触觉通道

产品或包装设计同样可以通过触觉影响人们的注意力和加工。五大感官中，触觉是在生命周期中最先发育的一个，在胚胎发育的早期就已经出现。在所有感官通道中，触觉在人体中分布最广泛。人们不仅喜欢触摸产品，也愿意花费精力寻找机会接触产品，比如通过线上展厅（例如，线上评估产品但到线下零售网点实际购买产品）和线下展厅（例如，到线下实体店互动和评价产品，但在线上购买）。

与一种产品或包装接触可以激发人们精细加工，传递对品牌的感觉和知觉以及对品牌的高层次认知信息。触觉的每一个维度——重量、质地和硬度，在意识里不仅体现为身体的感觉，还体现为抽象和隐喻的描述。以硬度和重量为例，它们引发了严格和稳固的感知。你是否意识到宝马汽车的车门有多重？我们应该意识到，接触产品或包装所带来的顾客注意力和精细加工会对第一品牌回想产生影响。

嗅觉通道

最后，产品和包装的气味能够影响我们从品牌中解读出的意义以及回想起它的能力。香味能够唤起与之有关的记忆，因此备受关注。被香味唤起的记忆深刻而清晰，也会带来强烈的情感。人们在 12 个月后对香味回忆的准确度甚至可以达到 65%，而相比之下人们视觉回忆的能力仅在 3 个月后就下降到 50%。举例来说，文华东方酒店和丽思·卡尔顿酒店在其公共区域和客房内都有各自独特的香味，新加坡航空公司的香薰毛巾也值得关注。对于香味的记忆能持续很久，它们以一种有力的方式促进第一品牌回想。

将品牌标志、名称和产品或包装设计整合在一起

图 6-2 表明了三种营销行为的要素共同影响着第一品牌回想。除了它们各自对第一品牌回想的作用外，三个要素之间的互动也影响着第一品牌回想。因此，它们应当被设计成彼此互相强化的方式。因为它们常常一起呈现（它们的物理距离很近），所以它们的内在联系紧密。正因如此，每种要素都应和其他要素相结合共同进行设计，使得每一个要素都可以令其他要素的回想最大化。

例如，品牌名称自身的意义有助于顾客对品牌标志和包装设计进行精细加工，反之亦然（想象一下捷豹和红牛）。三种要素间的相互强化可以增加

顾客对品牌名称形成的记忆节点的数量和强度，从而在长期记忆中形成完整且稳定的品牌记忆表征。这种记忆表征越强烈、越完整、越稳固，就越容易被回想起来。莫顿食盐的例子就表明了有效运用三种要素在共同促进第一品牌回想中的作用。人们把名称、标志、包装三者互相联系到一起，可爱之美的包装设计和标志以及朗朗上口的两音节品牌名称，共同创造了强烈的第一品牌回想，每一个要素都强化了其他要素在品牌名称的关注和精细加工上的作用。

关键知识点

1. 在不依赖公司推广活动的前提下，品牌标志、品牌名称和产品或包装设计等营销行为变量都是第一品牌回想的强力助推器，它们是顾客在多种情境下（如广告、实体店、网站、社交媒体等）都会见到的相对稳定和一致的产品元素。

2. 品牌回想的强度主要取决于品牌标志、品牌名称和产品或包装如何被加工。当上述要素吸引人们的注意力时，品牌名称回想得以加强；当它们以视觉、语言、听觉、触觉、嗅觉通道体现时，它们促使更为深度的加工发生。

3. 当品牌标志融合了视觉、语言和听觉要素时最易于被回想起来。

4. 一个品牌名称的回想通常受名称本身如何以视觉、语言和听觉形式传播的影响，每种表现方式都影响着品牌和它所象征的意义。

5. 产品或包装的回想受到它在视觉、语言、听觉、触觉和嗅觉等方面的表现方式的影响。

6. 可爱的和美丽的设计都能引起对产品的强烈兴趣，但是它们引发两种不同的产品拥有动机（呵护和展示）。因此最易于被回想的设计，是在可爱的形式中加入美丽的元素，或在美丽的形式中加入可爱的元素。

7. 产品设计、品牌标志和品牌名称应该以多种通道呈现，它们应该互相补充，以促进顾客对品牌的理解和记忆。

你的品牌如何？

1. 你的品牌名称被回想的难易程度如何？你如何提高其被回想的潜力？

2. 你的品牌标志、品牌名称和产品或包装设计，在多大程度上能够共同强化品牌名称的回想和品牌识别？它们是否反映了你想要的顾客和品牌联结的品牌识别？

3. 你的品牌标志是否能吸引顾客的注意力，并唤起和你的品牌识别一致的意义？它是否有听觉要素？或者视觉要素？

4. 你的品牌名称是否有视觉和听觉要素？顾客和你的品牌名称相联结是否有特定的意义？

5. 你的产品或包装设计是否同时包含可爱的要素和美丽（优雅）的要素？

6. 你是否认为品牌的标志、名称和产品设计的协同效应能够共同促进你的第一品牌回想？

Brand Admiration:
Building a Business People Love

第三篇
强化和延用受崇拜的品牌

第 7 章
强化品牌崇拜

地球不会随着时间的流逝而停止转动,同样地,品牌也不应该停止强化品牌崇拜。

引言

自 2007 年 6 月 29 日 iPhone 面世以来,苹果公司并没有无所事事地坐享品牌的成功。相反,它持续主动地去寻求新的方法来提升它的品牌。本质上,它一直在不断地探索如何强化品牌崇拜。下面我们来看看苹果公司是怎么做的。

在 iPhone 首次面世的时候,它重新定义了"手机是什么"。它不仅仅是一台手机,而是集移动电脑、手机和娱乐系统于一体。尽管 iPhone 的价格要高于其他手机,但是它整合手机、电脑和音乐的能力——以单一产品为人们提供各种各样的利益——是史无前例的。重要的是,苹果公司并未就此止步。它继续提供赋能和赋情利益，使消费者的生活变得更容易和更有趣。iPhone增加了GPS、语音控制（Siri向导）、精度控制（对于游戏很重要）、前置摄像头（支持消费者自拍和Facetime视频聊天）、"寻找我的iPhone"以及苹果支付（Apple Pay，移动支付服务）等功能。此外，苹果公司让手机变得更轻薄并降低它的价格。通过上述及很多其他的变化，iPhone已经不仅仅是一台手机。它的功能如此强大和广泛，甚至可以与相机、音乐设备、电脑甚至影音娱乐（电视/电影）设备媲美。

iPhone的上述改进看似随机，但是它们都拥有同一个目标：系统地提升iPhone的价值。具体而言，苹果公司会通过增加（改进或删减）一些利于（不利于）品牌发展的利益或功能来提升带给消费者的利益。苹果公司会调整各个利益的重要性权重。例如，它使iPhone与其他竞争产品之间的价格差异感知变得可忽略不计。它强调手机薄度作为消费者期望的产品属性的重要性，还让消费者认为自拍、保持联系（通过Facetime视频聊天）以及寻找丢失的手机（通过"寻找我的iPhone"应用）是重要的。此外，苹果也改变了iPhone被比较时的参照品，不仅与其他手机对比，还与相机以及其他一些娱乐产品进行对比。

概述

苹果公司的例子反映了本章将详细阐述的两个重要观点。首先，公司在创建一个受人崇拜的品牌之外，还需要长时间持续强化品牌崇拜。图1-1明确阐述了强化品牌崇拜的问题。更强的品牌崇拜意味着品牌较诞生之初具有更高的价值。顾客需求和竞争的市场是不断变化的，受人崇拜的品牌不能仅仅坐享其成，营销人员必须不断在品牌上投资，以确保品牌挚爱、品牌信任、品牌尊重乃至品牌崇拜能够持续下去。不幸的是，太多的品牌由于不重视提升品牌崇拜而迅速衰落或彻底失败。

其次，公司可以在很多价值提升策略中选择，通过营销行为来持续强化品牌崇拜。具体的策略如表 7–1 所示，随后还将详细阐述。营销人员在使自身品牌最优化的同时，也需不断地使自身品牌与竞争者之间产生差异化。苹果公司就采用了几个这样的策略。简而言之，这些策略包括：（1）操控品牌利益（例如增加和／或改进和／或删减品牌利益）；（2）改变不同利益的重要性（或者效价）；（3）构建品牌被比较的参照对象。

强化品牌崇拜的价值提升策略

在第 1 章，我们将品牌定义为一个与顾客和品牌拥有者都相关的价值生成实体（或名称）。如果无人愿意购买品牌，那么它就无法给消费者或者公司带来价值。本章将重新回到价值的概念，并将价值与表 7–1 中所示的价值提升战略相联系。

品牌价值的判断

数以百计的市场营销学术研究以及咨询模型都表明，购买决策主要基于三个基本因素：

1. 首先，品牌是否以及在多大程度上能够为顾客提供相关利益。在我们的模型中，这些相关利益包括为顾客赋能、赋意和赋情。这些利益是顾客所关心并希望在品牌中看到的。

2. 其次，这些利益对于消费者而言有多重要。对于任一产品，某些利益会比其他利益更重要。品牌选择能够反映出顾客所需的重要利益在多大程度上与品牌所提供的相匹配。

3. 最后，顾客不会凭空进行选择。决策通常是基于与其他品牌所能提供

表 7-1 一位消费者的价值判断

利益：太阳马戏团相较于林林兄弟马戏团	较参照对象更差			与参照对象一样			较参照对象更好	重要性权重	小计
	-3	-2	-1	0	1	2	3		
刺激（赋情）						√		0.1	0.1×2=0.2
舒适（赋能）						√		0.2	0.2×2=0.4
有趣（赋情）					√			0.3	0.3×1=0.3
票价（赋能）		√						0.2	0.2×-2=-0.4
高雅（赋意）							√	0.2	0.2×3=0.6
总计									1.1

的利益的比较（例如，相对于另一个品牌、相对于不同产品类别的品牌，或者相对于不购买）。

简言之，当一个品牌能够提供更多价值时，就更容易被消费者选择。也就是说，它提供：（1）更重要的利益；（2）消费者想要的利益；（3）优于替代选择所提供的利益。

表 7–1 阐释了一个特定顾客对于太阳马戏团（Cirque du Soleil）与参照品牌（林林兄弟马戏团，Ringling Brothers）相比所提供利益的感知。得分结果显示，与参照品牌相比，除了票价之外，消费者感知到太阳马戏团所提供的利益均优于林林兄弟马戏团。这也许让人倾向于认为这个顾客最终将会决定去太阳马戏团观看表演，因为它提供的利益要比林林兄弟马戏团的更多。然而，我们还需要考虑到，这位顾客并未将所有利益都视为同等重要。对于这位顾客而言，最重要的是有趣（权重是 0.3），其次是舒适、票价以及高雅（每项权重都是 0.2），刺激是最不重要的（权重是 0.1）。需要注意的是，我们将能够降低顾客成本（时间和精力成本、情感、心理以及财务成本）的一切都看作利益。付出更少的时间、金钱和精力意味着品牌能够帮助顾客节省时间、金钱和精力，这些都是利益。因此，在其他条件保持不变的情况下，一个高价的品牌相较于一个低价的品牌所提供的价值更少。

这位顾客到底是去太阳马戏团还是去林林兄弟马戏团观看表演，取决于这两个品牌在多大程度上提供了赋情、赋能和赋意利益，以及这些利益对于他 / 她而言的重要性程度。例如，在"高雅"这一利益中，相对于林林兄弟马戏团，顾客给太阳马戏团的打分是 3，且重要性权重是 0.2，因此太阳马戏团在"高雅"这一项的加权得分是 0.6（3×0.2=0.6）。这位消费者更有可能会选择太阳马戏团而非林林兄弟马戏团，因为在太阳马戏团相对于林林兄弟马戏团的得分上，根据重要性加权重所计算的品牌利益之和是正数（见表 7–1 右侧一列以及 1.1 的总得分）。换言之，相对于林林兄弟马戏团来说，太阳马戏团能够给这位顾客提供更多价值，因为它能够比替代选择更好地满足顾客的赋情、赋能和赋意利益。与这位顾客有相同需求概况的其他顾客可以被认为属于同一个细分市场。

价值提升策略

了解顾客如何进行购买决策（以及他们如何判断一个品牌相较于其他品牌的相对价值）很重要，因为它能够为选择何种价值提升策略提供依据。营销人员可以用这些战略提升品牌价值和强化品牌崇拜。

- 首先，公司可以通过改善或增加一个或多个重要的利益对顾客进行赋能、赋情和赋意，从而操控品牌利益。或者，公司还可以删除一些顾客认为不重要以及与强化品牌不相关的利益。
- 其次，公司可以改变一个或者多个利益的重要性权重。公司可以增加某个品牌表现强劲的利益的权重，也可以降低其他品牌表现更好的利益的权重。
- 最后，公司可以创建一个新的参照对象或者改变现有的参照对象，从而使品牌在与其他参照对象比较时更具有竞争力。这个参照对象可以来自同一个产品类别的品牌、不同产品类别的品牌、公司现有品牌或者是消费者根本不会购买的品牌。

总的来说，有 15 种潜在的价值提升策略可供公司选择，用于强化品牌崇拜。具体而言，3 种类型的利益（赋能、赋情和赋意）各自对应 5 种可应用的策略。表 7–2 对 15 种策略进行了梳理，这些价值提升策略要求公司实施一系列如下所述的营销活动。

表 7-2 品牌价值提升策略

方法 3E	操控品牌利益			提高/降低利益重要性权重	创造/改变参照对象
	改进	增加	删减		
赋能利益	现代集团的延长保修期、亚马逊的高级会员	新秀丽、梅西百货里的百思买商店	美诺公司	李施德林、雅趣	国家猪肉委员会、韩国佳得乐
赋情利益	克利夫兰诊所、Zappos	爱纪二十	汉堡王、斯沃琪	大众汽车	安飞士
赋意利益	CAPiTA	星巴克的教育利益、Gravity Payments	新百伦、岚舒、美体小铺	爱马仕、勃肯	爱的温度计之塔

操控品牌利益的策略

首先我们来讨论操控品牌利益的策略,具体而言即改进、增加或者删减品牌利益。

改进为顾客赋能的利益

2001年,韩国现代集团在制造业发起了新的生产质量改进活动,同时在设计和工程上改进它的模型。此外,它还给消费者提供一个10年期、10万英里的保修。这个保修标准远远超过了行业标准的3年期保修,几乎保证了顾客在汽车的预期使用年限内无须承担高昂的维修费用。这些改进的利益使现代汽车在声誉上大为改观。

亚马逊改进了高级会员的服务。除了享受免运费服务外,高级会员还可以听音乐和观看视频。此外,在高级会员日的时候,高级会员可以享受全网会员专卖和促销价格。通过提供这些利益,亚马逊高级会员已经覆盖了25%的美国家庭,预计到2020年覆盖率会达到50%。

改进消费者的赋情利益

美国克利夫兰诊所提供改进的赋情利益,消毒剂的气味被四星级连锁酒店所青睐的香水味所替代。病号服由黛安·冯·芙丝汀宝(Diane von Furstenberg)设计,既适合病人的身材,同时又能保持他们的尊严。所有的员工都要遵守 10–4 法则:"当离病人 10 英尺(1 英尺 ≈0.3 米)的时候,要对病人微笑并交流眼神;当离病人 4 英尺的时候,要称呼病人的名字向他问候。"医院的环境比较可怕,但富有同情心、友好、愉快以及保持尊严的体验对病人的福祉和舒适感有很大的帮助。

Zappos 网上鞋店意识到,打电话给公司(无论什么原因)的顾客,其终身价值是那些从来不打电话的顾客的 5 倍到 6 倍。因此,Zappos 通过提供友好的服务温暖顾客的内心来提高消费者与公司联系的机会。Zappos 在其网站的每一个页面都列出了电话号码,鼓励顾客,如果有问题或疑虑,可以给公司打电话。让顾客能够很容易地联系 Zappos,这是为顾客赋能。同时,通过友好和令人愉快的服务来温暖人心,这是为顾客赋情。与此形成鲜明对比的是,消费者在很多电子商务网站上常常找不到公司的客服电话。

改进消费者的赋意利益

在这个充斥着连锁超市所销售的大众化产品的世界里,一些消费者更想买到有历史传承和质量保证的产品。CAPiTA 滑雪板公司通过强调它的品牌真实性来改进为消费者提供的赋意利益。它在网页中讲述了品牌的传承和最初作为滑雪板行业"古怪公司"的卑微起源,强调创始人克服疲倦并与破产做斗争来实现梦想的故事。它还分享了 CAPiTA 公司对制造责任的承诺以及它全新的滑雪板"母舰"(The Mothership)工厂的信息。该工厂零二氧化碳排放,并且 100% 通过水力发电来驱动。强调品牌的独一无二、丰富的历史以及专注于制造责任,使得 CAPiTA 更加明确地将自己定位为真正的"野生动物饲养者",同时可以与那些具有共同信念的消费者产生共鸣。

给消费者增添赋能利益

除了改进原有的利益之外,公司还可以通过增加新的利益来提升它们的品牌价值。新秀丽推出了 Geo TrakR 系列行李箱的新产品线,它包含了源于蜂窝技术的行李追踪系统,解决了一个令旅客和航空公司非常苦恼的问题——寻找丢失的行李。梅西百货最近宣布它将增加 10 家百思买商店,提供梅西百货之前所没有的电子产品。这样做的好处是什么?梅西百货的消费者现在能够在店里购买到一个全新的产品系列(即电子产品)。

给消费者增添赋情利益

韩国爱敬集团(AeKyung Corporation)旗下的化妆品牌爱纪二十(Age 20's)一直通过家庭购物频道来直观展示品牌在润肤和保持皮肤柔软方面的实力。这个视频展现了水从一位使用精华粉饼套装粉底的女性皮肤上滴下来的画面,强有力地展示了品牌卓越的保湿能力。2015 年,爱纪二十售出 1 199 066 件产品,较 2013 年最初发布的 54 867 件有了大幅的提升。

给消费者增添赋意利益

星巴克通过投资员工的大学教育为它的员工增加利益。在美国,任何一个在星巴克每周工作 20 小时以上并拥有亚利桑那州立大学入学许可成绩的员工都可以享受公司的大学计划。入学者可以学习他们喜欢的任何科目,并且他们离开星巴克时不需要偿还公司已经为他们支付的学费。此外,星巴克正在实施一项新的举措,以便为生活在低收入地区的 16—24 岁的年轻人提供更多的机会。人们赞赏星巴克的理念和它的社会公益事业,也认同它的社会良知行为。此外,星巴克还在不断地给员工,甚至是兼职员工增加一些与众不同的利益,例如职工股票期权和医疗保险。Gravity Payments（一家信用卡处理公司）31岁的执行总监最近决定将公司 120 名员工的最低年薪标准调整为 70 000 美元，他通过削减自己的百万美元年薪来实现这一点。这个举动给那些生活艰难和靠微薄收入支付账单的员工带来了巨大的改变，它引起了世界各国人民的热情关注与支持，人们为他挑战收入不均做出的努力而鼓掌喝彩。

删减不能为顾客赋能的利益

营销人员还可以淘汰那些不能给消费者赋能的利益。有时候，少即是多。这种类型的价值提升战略还能够削减公司的成本。消费类电子产品功能越来越多有时候反而使最终用户感到困惑，因此删减一些功能可以提高赋能利益。在承诺顶级产品性能和噪音控制的同时，美诺（Miele）通过删减某些功能来提高洗衣机的价值。更少的功能意味着更简单易用，并且需要更少的维修。有趣的是，沃尔特·艾萨克森（Walter Isaacson）所著的《史蒂夫·乔布斯传》中提到，最令乔布斯兴奋的消费类电子产品是美诺洗衣机，这归功于美诺品牌简约优雅的设计。

删减不能为消费者赋情的利益

营销者可以删减那些不能给消费者赋情的利益。汉堡王将冷饮从儿童菜单中撤掉，软饮料仍然可以选择，但是不会出现在"小王子"菜单上。儿童菜单上取而代之的是脱脂牛奶、100% 的苹果汁以及低脂巧克力牛奶。这种父母认可的举措增加了父母带孩子去汉堡王的意愿。瑞士手表品牌斯沃琪（Swatch）放弃使用昂贵的不锈钢腕带，而选择有趣的、色彩斑斓并且更便宜的塑料腕带。这个策略节约了成本，并且让斯沃琪能够提供许多不同风格和颜色的腕带，成为一个备受喜爱的时尚产品。

删减不能为消费者赋意的利益

新百伦（New Balance）在它的一些跑鞋中去掉了皮革，因为使用皮革制品违背了一些消费者保护动物的信仰。同样地，岚舒（Lush）和美体小铺不销售使用动物做试验的产品。事实上，岚舒声明只从不做动物试验的公司采购原料。删除某些不能为消费者赋意的利益（例如使用动物试验产品）使得岚舒在市场上脱颖而出，同时还使认同品牌价值观的消费者成为该品牌的拥护者。

调整利益的重要性程度策略

表7-2所示的第二个系列的策略旨在改变消费者对某些利益重要性的感知。采用这种策略，营销人员可以提高那些在赋能、赋情和赋意方面相对有优势的利益的重要性感知；或者，他们可以降低对竞争品牌更具优势的利益的重要性感知。有时候，改变某个利益的重要性权重能够将一个消极的利益转变成积极利益，如下文的爱马仕案例。

改变消费者对赋能利益重要性的感知

华纳-兰伯特公司（Warner-Lambert）在早期将李施德林（Listerine）浓烈和令人不快的口味视为杀菌和消除口臭效果的显著证明。因此，该品牌弱化了产品口感的重要性而强调了杀菌对消费者的重要性。事实上，通过使用不佳的口感，李施德林证明了自身在清除细菌和口臭方面效果极佳。一些产品热销的公司如雅趣（Enjoy）公司不仅提供同样的当日送达服务，还通过一些附加服务应对亚马逊公司的竞争。雅趣公司派专业员工亲自运送高科技产品并且帮助顾客安装他们的新设备。同时，雅趣公司的销售专员还会帮助顾客将数据从旧的智能手机转移到新的手机中，教他们如何使用GoPro运动摄像机拍摄和编辑视频，解释如何在Sonos音频系统上添加音乐等，这些服务都不收取额外费用。它提升了消费者对售后服务重要性的感知。

改变消费者对赋情利益重要性的感知

大众甲壳虫汽车的经典广告"想想小的好"对当时"大就是好"的魔咒形成冲击，这个广告让小型汽车看起来很酷。当其他制造商都在速度、尺寸和马力上竞争的时候，大众公司则将它的小型汽车与先进的引擎、节油性、可靠性和亲和力联系起来。事实上，大众公司在它的"想想小的好"这一平面广告上表现出令人惊讶的坦诚，它公开声明"大众甲壳虫汽车的速度不会超过72英里/小时"。但是大众公司也让顾客了解到，一辆小小的甲壳虫汽车"能够轻易违反国家任意一个限速法律规定"。大众公司因此弱化了动力和速度的重要性，并且改变了人们的感知，从而使得小型汽车意味着亲和、酷炫和有趣。

改变消费者对赋意利益重要性的感知

大多数顾客认为产品交付的等待时间是消极的。这对于爱马仕等一些公司来说是很不利的，因为爱马仕的顾客必须等待6个月或者更长的时间才能买到它的凯莉或者铂金手提包。爱马仕将这个潜在的负面问题转化成它的优势，将等待时间与寻找最高品质的原材料，以及手工制包的熟练工匠所要求的精准加工联系起来。顾客应该为拥有如此稀有和经过辛苦加工的手提包而感到骄傲。同样地，从20世纪60年代开始，德国制造的凉鞋品牌勃肯（Birkenstock）就凭借其不起眼但是十分舒适的鞋内底吸引了美国顾客的注意力。对一些人来说，勃肯的鞋子会与嬉皮士联系在一起，会使顾客的脚看起来很大。但是，现在这个品牌定位为帮助顾客表达自我，从而降低了顾客对鞋子外观重要性的感知。

创造（改变）参照对象策略

正如表 7-1 中所表明的，消费者的选择以及他们对 3E 的评估是相对的或者是基于特定情境的。也就是说，消费者在做选择时，会将品牌所提供的利益与另一个相关的品牌（即参照对象）做比较。假设你将要从纽约去费城，你正在考虑乘坐维珍航空公司的波音 747 航班的商务舱。但是，你最终的选择很容易受到参照对象的影响，因为你会将参照对象与这趟飞机进行对比。例如，你可能会考虑：（1）同一个品类的竞争品牌（例如，乘坐维珍航空公司或是美国航空公司的飞机）；（2）不同品类的不同品牌（例如，搭乘维珍航空公司的飞机、乘坐美铁火车或者从赫兹公司租车）；（3）同一个品牌的不同选择（例如，维珍航空公司的波音 777 或者 747 飞机）；（4）不购买任何产品。营销人员有时可以影响消费者在决策时所选择的参照对象。具体而言，营销人员可以通过选择参照对象来充分证明品牌给消费者带来的是最好的价值。下面的案例将会讲述如何选择参照对象。

创造（改变）参照对象以使自身品牌给消费者带来强烈的赋能利益

1987 年，美国国家猪肉委员会将猪肉定义为"另一种白肉"。这个活动发生的原因是当时大众媒体频繁表示对牛肉脂肪的担心，而鸡肉被认为是最受欢迎的瘦肉蛋白质来源。在推广猪肉的赋能利益时，将猪肉定义为白肉可以将它与牛肉区分开来，从而更接近鸡肉。这个活动使得猪肉在 1987 年到 1991 年间的销售量提高了 20%。美国国家猪肉委员会指出，如今猪肉已成为世界上消费最多的蛋白质摄入来源。在 20 世纪 90 年代初，佳得乐在韩国推广时是将它与水比较而非与其他的解渴饮料品牌比较。其诉求点是：佳得乐比水更快地补充身体水分。尽管佳得乐刚进入韩国的时候比较艰难，但如今韩国却是佳得乐人均消费最高的国家之一。

创造（改变）参照对象以使自身品牌给消费者带来强烈的赋情利益

安飞士早期在它的租车服务中使用了那个著名的口号——"我们是第二，所以我们更努力"。它将自己定位为第二（继赫兹国际租车之后），以使消费者相信它仅次于赫兹国际租车，并且相信它正在努力做到跟赫兹国际租车一样好。安飞士引起了消费者的共鸣，他们认为安飞士是一个暂居下风的公司，它对自己和消费者是真诚的。这个暖心的广告也提高了安飞士的竞争地位。当时许多租车公司彼此竞争，并且赫兹国际租车显然是行业的领导者。安飞士成功地将自己定位为市场第二的品牌，而不是市场中第三或第四的品牌，这让消费者甚至不再考虑从其他竞争品牌租车。

创造（改变）参照对象以使自身品牌给消费者带来强烈的赋意利益

自从2000年以来，韩国的17个主要城市每年冬天都会举办一个仪式，树立一个爱的温度计之塔。爱的温度计的温度每上升一度，就表示当年所筹集的基金提升了1%。韩国人民每天都可以追踪他们城市的捐赠进展。当活动的目标实现时，爱的温度计就会达到100度。利用爱的温度计所带来的成功募捐给人们留下了深刻印象。自从2000年开始，使用温度计作为参照对象使得捐赠活动突破了年度的资金募集目标。爱的温度计之塔作为参照对象的案例与表7–2中其他参照对象的目的有所不同，它被描绘为一个象征，让有需要的人得到照顾，让捐助者参与时感到骄傲。

价值提升策略的延伸思考

尽管我们已经讨论了不同情境下的五种价值提升策略，但是将这些情境放在一个交易周期中（购前、购中、使用和处置）可能会更好理解一些。品牌利益不仅体现在使用阶段，还体现在交易周期中的其他阶段。此外，尽管

第 7 章 强化品牌崇拜

我们讨论某些利益的时候总是和某个特定的赋能、赋情和赋意利益联系在一起,但是,一个给定的利益可以与多个利益联系起来。事实上,单独一种品牌利益如果能够同时给消费者带来赋能利益、赋情利益和赋意利益,那将是非常强大并具有成本效率的。接下来我们讨论这些问题。

交易周期各个阶段的利益

首先,不管是建立一个新品牌还是强化已有的品牌,管理者都应该考虑交易周期每个阶段(从购前、购中、使用到处置)的利益。例如,商店顾问(ShopAdvisor)可以结合数据分析,筛选顾客的喜好,让零售商向已经下载了品牌 App 的顾客推送个性化通知。商店顾问使零售商能够及时了解顾客的行踪,在购前阶段为顾客提供折扣和产品信息。利益可能会产生在购中阶段从而促进购买交易。利益也可以产生在使用(消费)阶段,因为顾客在使用过程中会欣赏产品。例如,Create-A-Book 为父母和孩子在购买和使用过程中提供利益。在购买图书之后,孩子和他们的宠物就被塑造为故事中的主角,这是在购中阶段令人兴奋的体验。当孩子的父母买了图书并给他们读故事时,孩子作为故事中的英雄感到非常激动。当消费者想要处理掉那些过时产品的时候,利益也可以产生在处置阶段。宝马公司早年为日本的顾客免费提供运送旧车服务,以帮助他们处置过时产品。利益需求不仅限于产品使用阶段。

跨越多种赋能、赋情和赋意的利益

其次,一个特定的利益可能对应于多种赋能、赋情和赋意利益。卡特彼勒公司的经销商咨询小组不仅能够给经销商提供赋能利益(例如那些彰显与卡特彼勒公司是平等伙伴关系的利益),还能够提供赋情利益(例如那些温暖他们内心的利益)。前面我们提到了星巴克的免费大学教育计划。该计划通过为他们的员工提供学习的机会,帮助他们拥有更有安全感的生活,来使员工获得赋能。此外，这个计划还能够通过提供认知刺激赋情于员工。而且这个计划提供了与员工价值观一致的利益，为员工创造了与他人联系并对自己的成就感觉良好的机会，从而赋意于员工。一个利益所覆盖的赋能、赋情和赋意利益越多，它在创造或强化品牌价值过程中就越强大、越具有成本效率。

价值提升策略的模板

表7–3整合了我们刚才提出的两点。对于表7–3中12个单元格的任一格，品牌管理者都可以在五种价值提升策略（见表7–2）中选择任意一项或者一个组合，以及与之相匹配的营销活动。同时，如前所述，在创造或者强化品牌价值和品牌崇拜的过程中，一个利益所包含的赋能、赋情和赋意利益越多，它就越强大、越具有成本效率。如果某个利益能够降低或者至少没有增加品牌的单位成本，这个利益的价值就更高。例如，太阳马戏团取消了动物表演这个节目，因为这个利益不能赋情于消费者。取消动物表演确实能够使许多消费者产生共鸣，温暖他们的内心（赋情利益），同时使他们相信太阳马戏团与他们具有共同的信仰（赋意利益）。这个举措还减少了驯兽师、动物饲养、医疗护理、动物居住以及保险等费用，进而降低了单位成本。前进保险公司（Progressive Insurance）使用了类似的价值提升战略。欺诈索赔每年花费超过800亿美元，因此保险公司每年必须收取更高的保费来弥补这些成本。前进保险公司通过在事故发生后两小时内派遣一名索赔代理人前往事故现场，改变了索赔流程。这个改进吸引了需要快速以及无缝衔接服务的顾客（赋能利益）。代理人出现在事故地点能够有效地降低欺诈索赔，帮助前进保险公司降低成本，进而让它能够收取比其他竞争对手更低的保费（赋能利益）。最后，代理人在事故地点的专业服务温暖了那些承受了情绪压力的顾客的内心（赋情和赋能利益）。

表 7–3 价值提升策略整合

交易周期		来源		
		赋能利益	赋情利益	赋意利益
	购前			
	购中			
	使用			
	处置（购后）			

因此，管理者在考虑价值提升策略时可以以表 7–3 为模板，这将会帮助他们更有效率地创建或者提升品牌崇拜。

关键知识点

1. 除非营销人员使用价值提升策略来持续强化品牌崇拜，否则品牌崇拜和品牌带给消费者和公司的价值将会随着时间的流逝而消退。

2. 顾客选择的基础是与参照对象相比，品牌所提供的价值大小。品牌价值包含了所提供的利益、利益的重要性权重以及品牌用于比较的参照对象。这个选择（价值）方程能够为创建和强化品牌崇拜提供重要见解。

3. 品牌可以使用几种价值提升策略，包括：

（1）操控那些能够为消费者赋能、赋情和赋意的利益（增加、改进或者删减利益）。

（2）改变各个利益的重要性权重（提高或者降低那些能够为消费者赋能、赋情或赋意的利益的重要性）。

（3）创造（改变）与品牌对比的参照对象（同一个品类的竞争品牌、不同品类的品牌、同一个公司的不同产品或者不购买）。

4. 品牌持有者可以寻找针对交易周期具体阶段的价值提升策略。

5. 品牌持有者可以寻找针对一个具体利益（一个能够为消费者赋能、赋情或赋意的利益）或者多个利益的价值提升策略。

你的品牌如何？

1. 你是如何提升你的品牌价值进而持续强化品牌崇拜的？

2. 对于赋能、赋情和赋意利益中的每个利益，你分别设置了多少种利益呢？

3. 你对品牌利益的操控程度如何，包括提升/降低利益的重要性程度，以及创造（改变）品牌的参照对象吗？

4. 你提供的利益中有多少种可以同时增强赋能、赋情和赋意利益？

5. 你的品牌所提供的利益适用于交易周期的四个阶段（从购前到产品处置）吗？

第 8 章
延用品牌崇拜：延伸效应与回馈效应

延用被崇拜的品牌为品牌提供了协同增长的机会。

引言

一部描述遥远星系外星人的电影，俘虏了全球人民的心和想象力，迄今鲜有品牌能够望其项背。这部名为《星球大战》的电影自从 1977 年首映以来，后续又拍摄了系列电影。但是这一品牌的成功并不仅局限于电影行业。《星球大战》也在其他产品类别中衍生出了无数与媒体娱乐相关的产品，包括《星球大战》漫画书、《星球大战》电子游戏、《星球大战》集换式卡牌以及《星球大战》角色扮演类游戏。借由乐高、微软和索尼的联合品牌策略，推出了乐高极受追捧的《星球大战》系列玩具以及索尼 PlayStation 游戏机上专用的《星球大战》游戏。作为星球大战品牌的崇拜者，他们几乎在生活的每一个领域都与星球大战品牌相联系。

概述

当一个受崇拜的品牌被延用时,公司就有潜力增强品牌对顾客和公司的价值。换言之,将一个已有品牌的名称(例如星球大战)应用到一个新的产品上(例如后续的《星球大战》电影、漫画、游戏、麦片、服装以及烤面包机等),有助于品牌扩大其市场基础并开拓新的收入流。同样地,将"星球大战"这个名称运用到新产品当中,可以强化和拓宽消费者对品牌的识别(品牌的业务和意义),从而创造所谓的"回馈效应"。被强化和拓宽的品牌识别使得顾客更频繁地和品牌产生联结,并且在生活中更多地使用该品牌,从而产生额外的品牌—自我联结和更强的第一品牌回想,最终提升品牌崇拜。虽然延用品牌能够提高品牌崇拜和经济效益,但是有时候将一个已有的品牌名称运用到新市场也许会损伤母品牌以及新产品。新产品可能是不受欢迎的,或者可能混淆(而非澄清)品牌所代表的意义。这种情况下,回馈效应是消极的,而非积极的,不但没有加强和拓宽品牌的意义,反而稀释了它。本章和下一章会讨论当公司延用被崇拜的品牌时,它们为什么、何时以及如何做才会受益(而非受损)。

为什么要延用受崇拜的品牌?

延用受崇拜的品牌是什么意思?如果一个品牌决定将它的名称用在新产品或服务上,就意味着延用了这个品牌名称。本质上是指,一个品牌将它的名称(例如阿里巴巴)作为一个跳板来引入一个新产品(阿里云)。品牌越受崇拜,这个跳板就越有能力来帮助新产品在市场上迅速取得成功。让我们来探索延用受崇拜的品牌带来的两个不同的优势:延伸效应和回馈效应。

第8章 延用品牌崇拜：延伸效应与回馈效应

延伸效应

开发一个新产品提供了增加收益和促进成长的新机遇。当公司把握机会推出包含母品牌名称的新产品时，相对于没有使用母品牌名称的产品，新产品可以用更少的时间和资金投入实现高效的收入增长和成长。例如，如果顾客已经浏览过阿里巴巴的门户网站，并且认为网站是容易使用、安全且可信赖的，他们就会自然地甚至在无意中将这些相同的（或相似的）品牌联想转移到阿里云。了解阿里巴巴的业务，使得顾客更容易理解阿里云能做什么。这也意味着，通过使用阿里巴巴的名称，阿里云能够以更低的营销预算快速地建立起一个新的产品识别。分销和零售成本也可能会更低，因为价值链合作伙伴已经知道并信任阿里巴巴。我们把这些能够提供有效的创收和增长的机会称为延伸效应（如表8-1所示）。

表8-1 为什么要延用受崇拜的品牌

延伸效应：母品牌对延伸品的影响	
提升公司价值	有机会实现有效的收入增长
增强顾客理解	有机会快速地理解延伸效益
回馈效应：延伸品对母品牌的影响	
加强品牌意义	深入理解品牌代表的意义
拓宽品牌意义	广泛理解品牌代表的意义
额外的品牌—自我联结	增加顾客与品牌相联结的额外机会
增强第一品牌回想	增加顾客记住品牌的额外机会

回馈效应

延用一个受崇拜的品牌不仅能够提高新产品/服务成功的可能性（创造积极的延伸效应），而且新产品还能够产生回馈效应，增强顾客对于母品牌的理解与崇拜。一个积极的回馈效应就是新产品能够增强顾客对品牌识别的理解，同时会拓宽品牌识别并增加新的品牌联想。例如，卡特彼勒的延伸（比如卡特彼勒除雪机）会增强卡特彼勒作为一个可以移动重型物资的强大机器的品牌识别。这些延伸也会拓宽顾客对于卡特彼勒其他相关领域的认知（比如，认为这个品牌不仅可用于推土，还可以用于除雪）。或者阿里巴巴向云计算的延伸，强化了阿里巴巴关于"想要之时，便可得到"的联想。它们同时拓宽了阿里巴巴的内涵：顾客会了解到，该公司不仅与货物贸易相关，而且还与信息获取和管理相关。

品牌延伸带来的回馈效应，转而也会加强顾客对于母品牌的崇拜。这是通过强化品牌崇拜的核心构成元素来实现的：品牌—自我联结和第一品牌回想。回顾一下本章开篇案例，新的星球大战品牌产品给顾客提供了更多与星球大战品牌互动的机会，建立了新的品牌—自我联结。因为品牌的名称现在与多个产品相联系，所以见到品牌的某一个产品（如星球大战烤面包机）会引起顾客对于品牌其他产品（如《星球大战》电影）的回忆。每一个产品都会强化其他产品的第一品牌回想。被强化的品牌—自我联结以及第一品牌回想，进一步加强了品牌崇拜。

消极的回馈效应

虽然回馈效应可能是积极的，但有时将一个已有品牌名称运用到新的产品上也可能会产生消极的回馈效应，会削弱（而不是强化）顾客对母品牌的理解，使其对母品牌代表的意义产生混淆。例如，使用了雅马哈名称的乐器品牌（如雅马哈钢琴）并没有因为同名的摩托车而被强化，相反，这不利于雅马哈强化自己是一个被人崇拜的乐器品牌。我们将未能强化或保持原有品牌识别的现象称为品牌稀释，受崇拜的品牌会不惜一切代价来避免品牌稀释。这也是从战略上考虑延用一个品牌来实现公司积极（而非消极）回馈效应的重要原因。

我们会在第 8 章余下的内容以及第 9 章中继续讨论延伸效应和回馈效应。

如何延用品牌：产品和品牌延伸策略

品牌如何延伸其产品？公司可以采用好几种品牌命名方式来延用品牌，其中一种我们会在本章着重讨论：直接延伸。品牌直接延伸有两种不同的应用方式：通过产品进行延伸以及通过品牌进行延伸。在产品延伸中，公司将母品牌的名称运用到同类别的新产品中。在品牌延伸中，公司将母品牌的名称运用到不同类别的新产品中。下面我们解释一下这些策略。

产品延伸策略

我们来探索可以实现积极的延伸效应和回馈效应的三类产品延伸策略（见表 8-2）。从积极的延伸效应角度来看，每个策略：（1）鼓励现有顾客更频繁地使用本品牌；（2）防止他们转向竞争者的替代产品；（3）吸引此前尚未使用本品牌的新顾客。从积极的回馈效应角度来看，每个策略还需：（1）强化品牌识别，强化品牌在该产品类别中的专业性；（2）拓宽顾客与品牌之间的联结。所有这些策略都增强了品牌—自我联结和第一品牌回想，为顾客与品牌之间的互动提供了更多机会。

新性能利益延伸

这个策略通过为顾客购买（或者购买更多）该品牌的产品提供新的理由，强化和拓宽品牌。该策略可以吸引现有顾客。更重要的是，它还有可能吸引那些目前尚未使用这些产品的顾客。我们以低热量佳得乐为例来阐明这一策略。在此，新的利益非常明显：低热量摄入。有意于降低热量摄入的顾

表 8-2　用产品延伸来延用品牌名称

产品延伸策略类型	定义	例子	强化	拓宽
新的性能	在现有产品基础上为顾客提供新的利益的新产品系列	佳得乐推出低热量的饮料，波音推出更安静、更节能的飞机		由品牌提供的利益（品牌为什么被使用；例如，无糖、低热量、低噪声等）
新用途	在现有产品基础上为顾客提供新的用途的新产品系列	约翰迪尔为特殊地形推出特定拖拉机，SAP 软件为医疗、保险、化工、工业机械等提供解决方案	该品牌与产品类别的关联	由品牌提供的利益（品牌何时、何地被使用；例如，在葡萄园用约翰迪尔拖拉机）
新使用模式	在现有产品基础上为顾客提供新的使用模式或方法的新产品系列	汽车公司（特斯拉、宝马等）推出无人驾驶汽车		由品牌提供的利益（品牌如何被使用；例如，驾车前往目的地时的放松和休息）

客可能会饮用它。但是，这更可能吸引的是此前因热量含量高而没有购买佳得乐的新顾客。积极的回馈效应也有可能出现。例如，因为佳得乐正在拓展运动饮料产品系列，此策略强化了该品牌在运动饮料方面的品牌识别，而非强调它的热量含量。顾客还会将低热量和低碳水化合物相关信息加入关于佳得乐的记忆联想中，从而拓宽了他们的品牌记忆。此外，对两个产品的了解和选择（例如，在一些场合喝低热量佳得乐，而在其他场合喝普通佳得乐），给顾客提供了更多和品牌相联结的机会，并且增加了第一品牌回想，从而强化了对佳得乐品牌的崇拜。

让我们来探究一个 B2B 的案例：波音公司可能会引进一种更加节能的飞机，以帮助航空公司削减成本。波音公司可能还会引进一种更安静、更宽敞

第 8 章 延用品牌崇拜：延伸效应与回馈效应

的飞机，以便提升顾客的飞行体验。波音飞机的新产品系列可能鼓励那些采购飞机的公司购买新的波音产品。在两种飞机类型之间进行选择和/或在不同场合使用不同飞机类型，可以为波音公司提供更多机会，以便通过增强品牌联结和第一品牌回想来强化品牌崇拜。这些延伸也会吸引那些尚未购买过波音飞机但是想提升顾客飞行体验的航空公司。

新用途延伸

企业的产品延伸提供了一个新的用途，即这种延伸影响了顾客何时、何地使用该品牌。1989 年，任天堂娱乐系统进入北美市场，在此之前人们只能在家里玩任天堂的游戏（游戏主机需要连接在电视上）。任天堂 Game Boy 便携式游戏机因为使游戏更加便携化，在北美市场一炮打响。人们不用电视就能享受任天堂的游戏，顾客在任何地方都能玩游戏。这个产品延伸策略对于人们何时可以享受游戏以及在何地可以使用任天堂产品产生了巨大的影响。此外，任天堂 Game Boy 便携式游戏机也吸引了想要在路途中娱乐的全新顾客群体。这个策略明显强化了任天堂在游戏上的品牌识别，同时也拓宽了顾客对任天堂品牌的记忆联想，因为他们现在将便携式和移动娱乐添加到任天堂的品牌记忆中。由于这种延伸使顾客随时（排队等公交的时候，或在假期里）、随地（在家中舒适的沙发上，或在飞机上）可以和品牌产生互动，因此顾客有更多的机会和品牌联结并产生更频繁的品牌回想，从而大大提升了品牌崇拜。

约翰迪尔（John Deere）应对特殊和粗糙地形的四轮驱动拖拉机，使用户可以在狭小的空间（拓宽了顾客使用品牌的空间）和不利的环境中（例如，在严寒、结冰或泥泞情况下）操纵拖拉机。这样一来，它延伸了顾客可以依赖品牌的时间和地点。约翰迪尔还吸引了那些对拖拉机有特殊需求的新顾客，例如拥有葡萄园的新顾客。就 SAP 软件而言，顾客可以在航空航天、国防、汽车、银行、化工、消费品和医疗等多个行业（何地）使用该软件的专业服务。新的用途帮助品牌拓宽了市场边界，从而使它获得了新的市场。同时，正如约翰迪尔的产品延伸案例所显示的，它们会产生积极的回馈效应。

新使用模式延伸

这种产品延伸策略通过改变顾客使用品牌的方式，给顾客提供了一种品牌使用的新方式。为顾客提供品牌使用的全新方式有可能改变行业游戏规则，这种策略能够更高效地吸引新顾客，鼓励现有顾客更频繁使用品牌。举例来说，在不久的未来，我们就可能在汽车领域看到开创性的新使用模式延伸：无人驾驶的载人轿车和载货卡车。无人驾驶汽车会强化汽车品牌在运输上的品牌识别，同时也能极大地拓宽消费者关于品牌能为他们做些什么的记忆联想（例如，一种所提供的利益远远超过仅将人从 A 点送到 B 点的运输方式）。人们在日常生活中使用汽车的方式的转变，可能创造出新的接触点，使人们更频繁地联结和回忆某个特定汽车品牌，从而极大地影响该汽车品牌崇拜的维持、降低或提升。

组合策略

使用一个产品延伸策略并不排除使用其他策略，同时使用这些策略能够增加公司占据整个产品市场的机会。也就是说，公司可以通过迎合不同顾客的产品需求来覆盖整个产品类别。这些策略也可以使公司在分摊研发、生产和促销等环节的固定成本的同时提高收入。此外，还可以帮助公司先于竞争对手进入市场。

让我们思考一下卡特彼勒的产品延伸。顾客也许会因为它的产品延伸提供了新性能利益而使用卡特彼勒，例如一款特别轻便、省油的装载机或推土机（如节省燃油成本，达到政府规定的环保指标等）；或者顾客选择使用卡特彼勒是因为它的延伸提供了一个新的用途，能够影响何时（夏天、冬天等）以及何地（地下、陡峭的山地等）使用它；最后，新使用模式的产品延伸，例如具有遥控功能的装载机和推土机，给顾客提供了使用品牌的新方式。这些延伸不仅能够强化顾客与产品类别之间的联结，更拓宽了顾客与卡特彼勒相联结的一系列利益（为什么、何时、何地以及如何），同时增加了顾客对于品牌的新的记忆联想。这些延伸通过加强其核心组成元素（品牌—自我联结和第一品牌回想）来影响品牌崇拜。

品牌延伸策略

通过品牌延伸策略，公司可以在与目前市场不同的产品类别中推出新产品。我们定义了五类这样的策略（见表8-3）。每个策略都有助于高效的增长，并且强化顾客心中与品牌识别相关的核心利益，同时，通过将品牌与更多样的产品类别相联结来拓展品牌的意义。

值得注意的是，品牌延伸强化和拓展母品牌的方式与产品延伸方式是相反的。产品延伸可以强化品牌与产品类别之间的联结并且拓宽与此相关的利益，品牌延伸则可以强化品牌的利益，并拓展与之相关的产品类别（和收益）。我们接下来逐一讨论每个策略。

基于联合消费的延伸

基于联合消费的延伸，是指新产品被设计为与母品牌共同使用，其中一方会增强另一方的用户体验，从而创造积极的延伸效应和回馈效应。例如，当立体脆（Doritos）蘸料和立体脆薯条一起吃时会更好吃。当英特尔处理器与英特尔芯片组一起使用时速度更快、更可靠、更节能。如果品牌被高度崇拜，其所联合的品牌延伸就更容易被顾客接受，甚至还可以索取溢价。这个策略还可以降低促销成本，因为被联合消费的产品可以同时向同一顾客群进行促销。

表 8-3　用品牌延伸来延用品牌名称

品牌延伸策略类型	定义	例子	强化	拓宽
基于联合消费	与母品牌联合使用以强化品牌的赋能、赋情和赋意利益的延伸	谷歌邮箱和谷歌日历，Hello Kitty玩偶和Hello Kitty毯子		与品牌相关的产品类别（品牌如何被使用，与哪些其他产品一起被使用）
基于交替消费	提供与母品牌一样的利益，但产品在不同情境中的使用的延伸	家乐氏公司的谷物麦片和早餐棒，三星Galaxy手机和三星笔记本电脑，红牛功能饮料和巧克力	品牌的赋能、赋情和赋意利益	与品牌相关的产品类别（品牌何时或何地被使用）
基于替代	代替原有产品、作为技术淘汰时后备选项的延伸	IBM电脑和IBM外包服务		与品牌相关的产品类别（品牌为什么被使用）
基于特征	共享产品某个卓越特征的延伸	劳斯莱斯汽车（引擎）延伸到劳斯莱斯飞机引擎	关键产品特征	与母品牌关键特征相关的产品类别
基于理念	拓展品牌所代表意义的延伸	幽灵国际（音乐）延伸至咖啡豆、笔记本和艺术品，亚马逊（书籍）延伸至录像、音乐和类似的产品	品牌理念或形象	与母品牌理念或形象相关的产品类别

　　品牌延伸带来的积极感知利益可以强化母品牌在某个或一系列利益上的吸引力，从而创造积极的回馈效应。例如，谷歌邮箱和谷歌日历能够很好地协作（互相增强实用性），强化顾客对谷歌赋能利益的联想。在 B2B 和 B2C 市场上，联合延伸通常被看作增强的服务和产品解决方案，这允许品牌提供与顾客需求相关的整个产品/服务解决方案。基于联合消费的品牌延伸也可以提升顾客关于品牌赋情利益的记忆联想。例如，当顾客躺在 Hello Kitty 床单或毯子上玩 Hello Kitty 毛绒玩具时，他们会感觉非常美好或者很匹配；用

第8章　延用品牌崇拜：延伸效应与回馈效应

施蒂格尔[①]弯曲的、喇叭口的招牌玻璃杯品尝其啤酒时味道会更好；人们认为，用星巴克印有美人鱼标识的纪念杯喝星巴克咖啡会更美味。或者，哈雷戴维森摩托车、头盔和该品牌的其他产品让顾客感觉良好，因为它们的联合使用增加了品牌的赋意利益（例如，象征着作为哈雷戴维森俱乐部一员的身份）。戴上川琦摩托（Kawasaki）的头盔就不会有同样的效果。另外，基于联合消费的品牌延伸拓宽了对母品牌的记忆联想，因为通过联合使用，母品牌和新的产品类别及新的延伸品产生了联系。

当两个产品被同时使用时，基于联合消费的品牌延伸的回馈效应就会得到提升。正如之前所提及的，通过对赋能、赋情和赋意利益的强化，联合使用的场景加深了顾客与品牌之间的关系。与品牌相关的记忆联想的次数和强度也被放大，从而增强第一品牌回想。通过增强品牌—自我联结和第一品牌回想，基于联合消费的品牌延伸会使品牌比以前更受崇拜。

一旦顾客习惯了同时使用同一品牌的两个产品，并且相信使用一个产品会提升另一个产品的使用体验，他们就更不容易考虑寻求替代品。这创造了心理惯性，消除了品牌转换。想一想苹果的 Mac、iPod、iPad 和 iPhone 的生态系统，通过这些设备存储、共享数据以及处理其他事务是如此之简单。或者，想想那些希望同时使用 Hello Kitty 玩具和毯子，或者同时穿戴哈雷戴维森头盔和夹克的顾客。转换到其他不提供这类生态系统的品牌会让顾客望而却步。因此，基于联合消费的品牌延伸会创造非常强大的品牌锁定。

基于交替消费的延伸

在基于交替消费的延伸中，新产品满足的基本需求和母产品大致一样，但它们可以和母产品交替使用。为什么交替？通常来说，这是因为交替提供了多样性或便捷性，或者仅仅是因为在某种情形下用某产品而在其他情形下

---

① 施蒂格尔：Stiegl，奥地利规模最大的啤酒品牌。——译者注

用另一产品看上去更有道理。例如，如果早餐总是只吃麦片，人们也许会感到恶心和厌倦。用家乐氏早餐三明治或者早餐棒与家乐氏麦片轮换着吃会形成食物的多样性，可以避免顾客对品牌感到倦怠。此外，顾客会认为，在某些时候食用家乐氏早餐棒更加方便，因为他们可以在任何地方（在家里、在路上、在办公室）吃早餐。相比之下，家乐氏早餐三明治或麦片更适合在家里吃。

关键的是，这种策略通过抢在竞争对手之前提供多样性或便捷性，填补了市场空白，防止了现有顾客转向竞争对手。同时，这种策略也会吸引新顾客。母品牌产品（家乐氏麦片）和延伸品（家乐氏早餐棒）不太可能像基于联合消费的品牌延伸那样被同时食用，但是，因为它们都含有母品牌的名称，所以，除了加强延伸效应之外，这种延伸还创造了强化回馈效应的机会。延伸到早餐棒和三明治这些品类上强化了家乐氏与早餐的核心联系，家乐氏的品牌识别也在很大程度上从麦片拓展到了早餐棒和早餐三明治。随着时间的推移，当顾客回想起家乐氏时，不仅能想到早餐棒和早餐麦片，还能想到它作为早餐的综合类别。在一定程度上，这类品牌延伸增加了多样性的机会，更有可能产生更强的品牌—自我联结和第一品牌回想。

考虑一下交替使用三星 Galaxy 智能手机和三星超轻笔记本电脑的情形。虽然顾客会同时购买两个产品，但在某种情况下使用其中一个会更合适（例如，在准备精美的展示材料时用笔记本电脑），在其他情况下使用另一个会更恰当（例如，一边走路一边用智能手机听音乐）。另外一个例子是红牛的飞行员巧克力，它的天然咖啡因提神作用和红牛饮料相同，但是用了一个不同的方式来提供咖啡因。由于这两个品牌都提供了相同的基本利益，因此顾客在某一时刻可能会食用其中一个，而不是同时食用两者。

基于替代的品牌延伸

基于替代的品牌延伸是当顾客不再喜欢品牌原有产品时的一个后备选

第8章 延用品牌崇拜：延伸效应与回馈效应

项，这通常发生在基于技术的市场里。在这个市场上，新的解决方案是用来回避原有产品被淘汰的风险。很多品牌之所以失败，是因为品牌拥有者没有考虑到运用这个策略。例如，当数码相机改变了市场时，柯达因不愿进入数码摄影领域而沦为"弱势群体"。索尼不愿意蚕食其自身光盘的销售收入，因而未能引进 MP3 技术，这个失败使索尼被苹果公司的获得巨大成功的 iPod 产品远远甩在身后。施乐因为担心会影响其打印机和复印机部门的销售收入，所以未能将个人电脑、文字处理软件和以太网等发明商业化。

如此前所描述的其他品牌延伸类型一样，基于替代的品牌延伸可以通过吸引大量的现有顾客以及尚未使用原有产品的新顾客来实现有效增长。基于替代的品牌延伸也会提供很强的回馈效应。改进的替代品强化了顾客关于品牌的积极记忆联想。当这种策略成功时，也可以拓宽记忆联想，复苏母品牌，确保它随着时间的推移不断与顾客保持关联。总的来说，替代产品同时提高了品牌—自我联结和第一品牌回想，强化母品牌并提升品牌崇拜。不是所有替代性的延伸都会完全取代品牌的原有产品。例如，顾客可以购买 IBM 的 IT 外包服务，而不用在 IBM 计算机上花钱。使用 IBM 外包服务为那些不需要内部 IT 系统的顾客提供了额外的购买机会，IBM 从这些顾客那里获得额外的收入。

基于特征的品牌延伸

基于特征的品牌延伸是将母品牌被广泛接受和高度评价的特征延用到一个新的产品类别中，在此产品类别中这个特征依旧是有意义和有价值的。产品特征是产品的具体属性。当劳斯莱斯将它的名称延伸至飞机引擎时，航空公司就将劳斯莱斯可靠的、高性能的汽车引擎特征转移到了可靠的、高性能的飞机引擎中。换言之，航空公司对于劳斯莱斯引擎特征的积极看法，是因为该品牌在生产可信赖、高质量的汽车引擎这一特征方面很专业，且在延伸品类别中极其重要。特征延伸使公司拥有母品牌广为人知的特征（例如，引擎的可靠性和质优等），而产品延伸可以使公司拥有（支配）一个产品类别。艾禾美①向牙膏、洗衣液、伤口清洗盐水和其他产品（具体见第 9 章）的品牌延伸，在全新的产品类别中全部使用了艾禾美除臭和清洁的特征。

品牌名称和特征之间的强联系，使公司能有效地将品牌名称发展和延伸到其他产品类别中，将该品牌的顾客基础扩展到同样重视该特征的其他领域，即使是完全不同的产品类别。它同时还有助于强化顾客关于品牌特征的记忆联想（劳斯莱斯的可信赖、高质量的引擎），并拓宽这些记忆（劳斯莱斯的引擎还可被用于飞机上）。劳斯莱斯的特征延伸开辟了一个全新的顾客群，即全球的飞机制造商和航空公司。劳斯莱斯在飞机引擎市场上是如此的成功，以至于其飞机业务使豪华汽车业务的收入相形见绌。实际上，劳斯莱斯已经是世界上第二大飞机引擎制造商了。想象一下，如果劳斯莱斯仅仅生产汽车会损失多少利润。通过将品牌名称与产品特征和不同的产品类别绑定，品牌为顾客和品牌的联结创造了更好的机会，并且品牌成了核心特征的典范（或最佳范例）。当他们想到这些特征（例如清洁和除臭）时，这一品牌（例如艾禾美）从记忆中第一个被提取出来。

基于理念的品牌延伸

基于理念的品牌延伸是公司将一个被广泛知晓、高度评价且与品牌识别捆绑在一起的理念，延用到一个具有相同理念的不同产品类别中。品牌理念是与品牌识别相关的抽象意义（例如，爱马仕与奢侈品，Hello Kitty 和可爱）。一个理念来自一系列共同体现该理念的特征集合。例如，顾客也许会认为某一特定品牌是高档的，因为它与高昂的价格、华丽的设计、显赫的店面和专业的服务人员相联系。抽象的联结让母品牌在扩展到其他产品类别时游刃有余。这是因为，在更加兼容的母品牌名称之下，顾客认为这种延伸的匹配

---

① 艾禾美：Arm & Hammer，美国的一个历史悠久的牙膏品牌，其小苏打牙膏主打美白的功效。——译者注

第8章 延用品牌崇拜：延伸效应与回馈效应

是自然的。例如，爱马仕最初作为一个马鞍公司，延伸至其他皮质产品（手袋、女士手提包和钱包）以及更多产品（围巾、手表、香水和珠宝），与精致、手工和高品质产品相关联。这些产品同时也展示了高档时尚、优雅精致和上层阶级的生活方式。与联合消费的品牌延伸相比，基于理念的品牌延伸不一定在消费过程中同时使用产品。

值得注意的是，基于理念的品牌延伸不需要和母品牌相关的特定特征产生任何关系。例如，某顾客可以接受阿玛尼太阳镜和阿玛尼西装，即使它们两者之间没有共同的特征。有声望或时尚的品牌代表着特定的生活方式（例如蒂芙尼、劳力士和香奈儿等），象征着群体成员身份的品牌都可以通过基于理念的品牌延伸来有效地增长并产生强大的回馈效应。

幽灵国际（Ghostly International）是一个通过理念延伸来延用其名称的好例子。它从一个精品音乐唱片公司发展成为一个成功展示世界各地音乐家和音乐流派的全球平台。除了音乐以外，幽灵国际还销售笔记本、咖啡豆、画廊水准的艺术海报、邮差包等。为什么？因为幽灵国际想要建立和巩固其作为潮人生活方式的品牌识别———一个为注重品位、有文化涵养的消费者提供精品的权威品牌。每个产品，无论是一个皮革钱包还是一个邮差包，都详细而生动地和顾客分享着其背后独特的工匠故事。幽灵国际更愿意以一个志同道合的消费者社群的形象展现于世人面前，而不只是一个销售音乐的店铺。通过精心选购这些多样化的产品，幽灵国际可以与关心产品来源的顾客建立关系。这些产品强化了幽灵国际潮人的品牌识别，同时给了消费者更多与幽灵国际品牌联结的机会，并且把品牌与自我认同相联系。此外，幽灵国际所销售的每一个产品都可以作为回想起其他幽灵国际品牌产品的线索。

我们刚刚提到的一些例子反映了抽象的象征性品牌理念如何将一种产品（幽灵国际音乐）的赋意利益（例如，一种生活方式，成为一个团体会员）向其他产品（传达潮人身份的其他产品类别）传递。然而，这些抽象的品牌理念也可以基于赋能利益。例如，亚马逊已将其业务从单独的书籍扩展到各种类型的产品，凸显了"购物的便捷性与选择性"的理念。这个理念的激活不但包括亚马逊提供的多样化产品（创造了便捷购物的识别），而且包括与品牌识别一致的搜索功能（通过品牌、属性、价格和评论）、便捷的支付以及亚马逊无缝衔接的退货服务。

抽象的象征性品牌理念也可以基于赋情利益。以沉浸式观影体验技术而广为人知的 IMAX，可以将其名称延伸至和沉浸式音效体验相关的其他领域，例如音响系统、隔音设施、电视和耳机的开发，从而使顾客在居家或旅途中获得沉浸式体验。

关键知识点

1. 通过产品延伸或品牌延伸来延用被崇拜品牌的名称，提供了全新而有效的创收机会（使用最少的时间和资源），达到强烈的延伸效应。

2. 成功的延伸通过积极的回馈效应来增强品牌崇拜。它们强化和拓展了母品牌的意义，这反过来也强化了品牌—自我联结和第一品牌回想（品牌崇拜的核心特性）。

3. 表 8-2 所示的三类产品延伸策略，强化了顾客对品牌及其所属的产品类别的联想。它们同时拓宽了顾客从品牌当中联想到的利益。

4. 表 8-3 所示的五类品牌延伸，强化了顾客对于品牌识别的理解。同时，它们将顾客与母品牌相关的品牌联想拓展到其他产品类别，无论是产品需求相关、特征相关还是理念相关的类别。

第 8 章　延用品牌崇拜：延伸效应与回馈效应

你的品牌如何？

1. 你的品牌使用了哪一种类型的产品延伸和品牌延伸策略？

2. 你现在使用的产品延伸和品牌延伸策略同时创造了强大的延伸效应和积极的回馈效应吗？

3. 你可以使用哪些类型的产品延伸和品牌延伸策略来延用你那被高度崇拜的品牌？

第 9 章
延用品牌崇拜：实施问题

明天你的品牌会代表什么？

引言

延用一个品牌，可以使顾客以更频繁、更深入、更投入的方式与其联结，从而创造可以强化品牌崇拜的积极回馈效应（如第 8 章所述）。如果不基于这些联结的机会进行扩张，就会限制品牌的有效增长，也无法增强顾客对品牌的崇拜。但问题是，这些积极的回馈效应和延伸效应总能实现吗？公司在决定是否使用产品延伸和品牌延伸以及选择哪一种之前应该考虑什么？我们先思考以下案例：Hello Kitty 是被全世界众多顾客喜欢的可爱猫咪，近期在香港开了一家健康诊所。诊所中的每一个产品，从创可贴到体重秤，都有这只戴蝴蝶结的可爱猫咪形象。这种举动乍一看似乎是很奇怪的，因为这种可爱的玩偶形象如何能与健康相匹配呢？这似乎和传统意义上与医生和诊所相关的冰冷、无菌的环境以及专业医疗的形象相去甚远。顾客们可能会疑惑，Hello Kitty是否有沉稳的形象和专业能力，足以延伸到这一截然不同的服务领域？Hello Kitty是否会成为品牌稀释的受害者，就像比克（Bic）内衣、吉露（Jell-O）可乐和之宝（Zippo）高尔夫球等其他（低匹配度）的失败延伸一样？

但我们再仔细想想，实际上Hello Kitty品牌和健康诊所有一个很适合的结合点。Hello Kitty用它那令人愉悦和温暖人心的形象来让顾客开心。难道在诊所里的人就不希望得到关爱、同情和温暖的利益吗？到健康诊所的人一般都是身患疾病且心怀忧虑的。将诊所与Hello Kitty品牌温暖人心的感觉联系起来，能有效安抚病人并让他们感觉更舒适自在。此外，Hello Kitty这种暖心的利益在大多数健康诊所中是比较独特的。由于出乎人们的意料，把Hello Kitty名称应用在健康相关的情境中反而可能产生更强的口碑传播。同时，如果Hello Kitty的形象在健康诊所领域获得成功，Hello Kitty就可以顺利地将其品牌名称扩展到其他与健康（例如Hello Kitty的减压毯）和福祉（例如Hello Kitty身体按摩器和水疗中心）相关的领域。那么，Hello Kitty进军健康诊所是一个成功的例子吗？谁能告诉我们答案呢？在本章中，我们通过论述何时（在何种情况下）公司应该考虑产品延伸和品牌延伸来回答这些问题。

概述

第8章指出，受人崇拜的品牌可以通过产品延伸和品牌延伸来获得有效的增长（延伸效应），同时建立更深刻、更广泛的品牌记忆联想（回馈效应）。然而，并不是所有的品牌延伸策略都能成功。很多时候，延伸并不能达到预期的效果。因此，品牌管理者需要了解何时应该采取延伸策略。在本章中,我们将探索影响特定产品延伸和品牌延伸策略成功的市场和延伸特性。许多研究表明,成功的延伸必须在一定程度上和母品牌相匹配。但是,低匹配的延伸(如 Hello Kitty 和健康诊所)有时候甚至会更加成功。我们会解释何时延伸以及为什么这样延伸的问题。最后,我们会考虑随着时间的推移,应该如何安排产品延伸和品牌延伸的先后顺序。

产品延伸和品牌延伸何时最有可能成功?

要使延伸效应和回馈效应最大化,公司应该遵循以下一些原则。

公司层面的考虑因素

不管是对哪类产品延伸或品牌延伸策略而言,以下公司层面的考虑因素都是相关的。

品牌崇拜的程度

如果母品牌已经受人崇拜(基于强大的信任、挚爱和尊重),公司在延伸品的营销上会花费更少且时间效率更高。如果品牌不受崇拜,顾客将难以确定延伸品带来的利益以及他们自己是否会喜欢这个品牌。当母品牌的崇拜十分微弱时,最好不要用延伸策略。相反,新产品应该有一个与母品牌不同的名称。一个低崇拜的品牌可能会创造出一个成功的品牌延伸,但是这种延伸所产生的营销效率无法与那些受崇拜的品牌相提并论。

延伸品的差异性

根据 3E 理论,延伸品应该明确地与母品牌区别开来。首先,要让顾客理解为什么应该购买延伸品。否则,顾客没有理由购买延伸品。健怡可乐因为它的无糖特性而与可口可乐区别开来;马士基 Triple-E 型船运服务与其他航运公司的服务不同,因为它提高了运输能力并降低了二氧化碳的排放量。

延伸品的差异化对于产品的延伸来说尤其重要，如果潜在的延伸品和母品牌之间没有明显的区别，那么更好的方式是采取第 7 章提及的价值提升策略来培养品牌（例如，一个公司真的需要销售 18 种不同类型的洗发水吗？）。

延伸品的蚕食

为了将延伸品对母品牌的蚕食作用最小化，应该将它们的目标市场明显区分开。正如联邦快递，其航空和海洋运输服务分别迎合不同的顾客群体。这条基本原则唯一例外的情况是：（1）当延伸品试图满足顾客多样化的需求时（如基于交替消费的延伸）；（2）当公司正在进行基于替代的品牌延伸来让母品牌重新焕发活力时。例如，不同种类的早餐麦片满足了顾客寻求多样化的需求，使顾客无须转换到竞争品牌上。或许，英特尔想要其云计算服务来蚕食其固态盘数据中心产品，因为它想淘汰旧产品并让品牌代表新的产品。

资源

所有的延伸都需要公司投入一定的人力、时间和资金，切实地评估成功开发和营销延伸品所需的资金、时间和人力资源是十分重要的，过于分散而薄弱的资源可能会破坏延伸品的成功和母品牌本身。日本电子产品公司夏普正面临财务危机，其中一部分原因就是它的产品延伸和品牌延伸过于分散。

竞争者层面的考虑因素

当考虑使用产品延伸或品牌延伸时，品牌管理者需要仔细审视以下竞争者层面的考虑因素。

在延伸品类别中独一无二的利益

当品牌能够在延伸品类别中提供竞争者不具备或无法提供的、独一无二且相关的赋能、赋情或赋意利益时，延伸效应和回馈效应是最强的。正如很多新产品一样,延伸品必须不同于竞争对手,它必须给顾客带来价值。苹果iPhone手机引入了如此重大的新利益,以至于创造了智能手机这一手机新类别。理想状态下,这种类型的延伸改变了顾客对延伸品类别的认知和产品所能(或应该)提供的利益。苹果手表在市场上反应冷淡,也许就是因为它不能提供足够独特的赋能、赋情或赋意利益,从而与智能手表类别中的顾客产生共鸣。

市场竞争力

公司在延伸品类别中应该考虑现有和潜在竞争者的数量和优势。例如,联邦快递、敦豪(DHL)、联合包裹(UPS)甚至马士基都需要留意亚马逊和阿里巴巴等电子商务巨头,这些巨头们也在计划提供快递服务。

顾客层面的考虑因素

一些顾客层面的考虑因素也会对公司是否应该进行产品和品牌的延伸产生影响。

市场规模

只有长期所带来的收入增加值超过单位成本增加值时,公司才应该实施延伸。公司应该考察现有和未来潜在的顾客群体规模,以及顾客对于新延伸品的接受程度如何。从品牌延伸的角度而言,一个庞大的市场具有潜在的吸引力,公司仍要考虑未来市场的规模以避免短视。富士康作为世界上最大的电子产品代工厂,在外包市场还很小的时候就开始进军电脑元件领域。今天,作为苹果、索尼、任天堂和微软公司等品牌的供应商,它所制造的产品在全球销售的消费电子产品中的占有率已经达到惊人的40%。

与母品牌的感知匹配度

最后,应该使母品牌和延伸品的关联富有意义。比克平板电脑触控笔、比克香水或比克内衣这样的组合对于顾客来说真的合理吗?当顾客看不到品牌（如比克）和延伸品（如内衣）之间的关联有意义时，他们通常会对延伸品反应冷淡。因此，顾客应该看到母品牌和延伸品之间存在某种形式的关联或匹配。

与特定产品延伸和品牌延伸策略相关的考虑因素

在采用特定产品延伸或品牌延伸策略以促进品牌成长之前，以下几点需要考虑。

产品延伸

产品延伸的目的是在母品牌目前所处的竞争领域拥有（占有）该品类的份额。为了达到这个目的，品牌管理者们应该着重针对品牌能给顾客提供不同性能、不同用途和/或使用方式以满足他们在该类别中的多样化需求进行营销。例如，SAP 为汽车、银行、保健和运输行业的顾客提供行业专用软件，它的产品延伸涵盖了赋能、赋情和赋意利益的内容，为顾客提供他们所需的精准解决方案和功能——顾客何时、何地需要以及需要什么功能。每当顾客想到商业软件时，SAP 通常是他们脑海中第一个跳出来的品牌。

基于联合消费的品牌延伸

基于联合消费的品牌延伸应该增强消费体验，它们可以作为品牌原有产品的补充，互相强化各自带给顾客的利益。它们的目标是占据一个特定的需求类别（早餐的需求、效率的需求等）。杰迈玛姑妈（Aunt Jemima）品牌的薄饼和它的糖浆搭配在一起提供给顾客食用，可以更好地满足顾客的早餐需求。或者，想想库卡① 公司的工业机器人和智能机器人软件，可以在 B2B 市场中实现更安全和高效的人机交互。在该案例中，延伸品（软件）让原有产

---

① 库卡：Kuka，于 1995 年建立于德国巴伐利亚州的奥格斯堡，是世界领先的工业机器人制造商之一。——译者注

品的使用更安全、更方便和更高效，从而有助于其在工业机器人市场上获得显著增长。另一个案例是斯泰尔（Stahl）公司的工业烘干机和吸音材料，两者的共同使用能使工业烘干机在运行时产生更少的噪音，让使用者更满意。但是，除非有相当数量的顾客认为该品牌是一流的，否则基于联合消费的品牌延伸不会产生显著的延伸效应和回馈效应。当延伸来自一个很普通的品牌时，很难让顾客相信他们的消费体验能被提升。

基于交替消费的品牌延伸

基于交替消费的品牌延伸是指，随着时间的推移，顾客能通过交替使用品牌不同版本的产品来满足自身的需求。当市场目标是占有一个特定的需求类别时（但与基于联合消费的品牌延伸方式不同），这种延伸是最有效的。该策略能取得成功的唯一方式是让品牌延伸在不同的情况下都能切实提供母品牌的利益。思科的数据中心解决方案和云服务解决方案是可交替使用的，这让思科能提供满足商业数据存储需求的一站式解决方案。这也让商业顾客能很灵活地从值得信任的单一伙伴（思科）那里获得不同数据存储解决方案。

基于替代的品牌延伸

当目标是占据一个特定的需求类别（但不同于以上两种延伸方式）时，基于替代的品牌延伸最有效。保时捷咨询研究院提供建立高效的内部咨询团队的建议，以此来推动变革并达到卓越运营。研究院提供的服务让顾客在未来可以自主进行咨询工作（不需要依靠保时捷咨询研究院等外部的咨询服务商）。这种策略也适用于融合的且/或快速变化的市场。互联网、卫星通信、电子设备和汽车公司之间的竞争程度是前所未有的。当考虑使用基于替代的品牌延伸时，公司应该用更广阔的视野去看待整个市场，避免在营销上的短视。

基于特征的延伸

在基于特征的延伸中，品牌的目的是拥有一个特定的特征。当公司拥有一项专利技术，且该技术广为人知并已进行了大量的投入时，基于特征的延伸是有优势的。通过将该特征运用在其他品类中，公司可以把投入成本分摊到多个不同的产品中。基于特征的延伸还可以减少公司对母品牌品类的市场条件（例如增长率、竞争）的依赖。

例如，杜邦旗下品牌凯夫拉（Kevlar）提供高强度、轻盈的保护性纤维，可用于防弹产品（如防弹背心）、防切割产品（如工业手套和其他身体护具）、脚部防护产品（如鞋子和袜子）、防盗产品（如钢缆锁），还有防泄漏产品等。通过向新颖、独特的市场进行扩张，公司能显著扩大它的顾客群体。

基于理念的延伸

基于理念的延伸的首要目标是占有一个特定的理念或想法。当受人崇拜的品牌的品牌识别（或意义）能被抽象出来代表更为普遍的理念时，基于理念的延伸最为相关。崇尚生活方式的品牌（如拉尔夫·劳伦、耐克和红牛）、有声望的品牌（如蒂芙尼和劳力士）、时尚的品牌（如范思哲和迈克·科尔斯）、对于群体成员有象征性的品牌（如哈雷戴维森和星球大战）以及室内装饰品牌（如玛莎·斯图尔特）等都能从基于理念的延伸中受益，因为这些品牌都想表达一种特定的风格或情感。当基于普遍理念而延伸进入的品类有所增长时，基于理念的延伸带来的影响会更大。

匹配度的考虑

前面我们已经提及，当延伸品在一定程度上与母品牌的品牌识别或意义匹配时，品牌延伸通常更加成功。高（低）匹配度意味着顾客能够（不能）找到一些（任何）母品牌和延伸品的关联。比克从钢笔向平板电脑触控笔的延伸，比向内衣的延伸更加容易，因为钢笔和平板电脑触控笔有相似的外形

（形状）和功能，而内衣与该品牌的关联就显得不清晰了。高匹配度似乎有助于将对母品牌积极的感觉和记忆联结转移到延伸品上。事实上，这些记忆联结和感觉能快速转移到延伸品，正是产生积极的延伸效应的原因。

低匹配度并不意味着延伸品和母品牌不一致或冲突。一个人可能永远不希望宾利和普拉达等高端奢侈品牌进入相同品类的低端市场，或用相同的品牌名称去生产廉价的太阳镜、香水或旅行包。相反，低匹配度意味着顾客不具备将母品牌和延伸品直接联系起来的基础。我们在第 8 章讨论的产品延伸和品牌延伸策略是建立在与母品牌不同方式的高匹配度基础上的，正如我们接下来要讨论的内容。

品类匹配

在产品延伸中，高匹配度意味着新产品和原品类匹配。产品延伸若涉及同类产品中的新性能、新用途或新使用方式，就具有很高的品类匹配度，因为它们与母品牌处于相同的品类。英特尔的笔记本处理器和智能手机处理器是两类处理器，虽然每个延伸品所提供的具体利益（赋能、赋情和赋意）有所不同，且针对不同的细分市场，但品类是相同的（都是处理器）。

使用匹配

基于联合消费的品牌延伸建立在高使用匹配度的基础上，而基于联合消费的产品可能在品类和特征上都完全不同。一架空中客车飞机是实体产品（飞机），而空中客车航班运营服务是一项提供运营解决方案的服务。它们各自都需要不同的专业技能和知识（建造一架飞机和提供让航空公司机队更有效运作的服务是截然不同的），但因为飞机和航班运营服务经常一起配合，它们就有了很高的使用匹配度。

利益匹配

基于交替消费和基于替代的品牌延伸有很高的利益匹配度，这意味着母品牌和延伸品能满足顾客同一类型的需求。例如，红牛功能饮料和红牛巧克力都是提供能量的，而且使用匹配度不高，因为人们大多数情况下不会（不应该）在吃红牛巧克力的同时喝红牛功能饮料。

特征匹配

基于特征的延伸是建立在高特征匹配度基础上的，该特征在它所应用的所有品类中都是十分重要的。凯夫拉防弹衣、手套、缆绳和鞋这些组合都很合理，因为它们都共同拥有凯夫拉纤维所提供的保护性和不可穿透性特征。

理念匹配

高理念匹配度意味着母品牌和延伸品牌共享相同的品牌识别。香奈儿高档而精致的品牌识别，和它的手提包、鞋子和套装都十分匹配，但和运动鞋、背包以及运动裤不匹配。耐克的运动员品牌识别，和它的运动鞋、背包和运动裤都十分匹配，但和手提包、高跟鞋以及外套不匹配。高盛的专业投资管理品牌识别，与它的投资咨询和交易十分匹配，但和电影、交友网站和音乐不匹配。

高匹配度总是必需的吗？

哪些情形下低匹配度品牌延伸能够让公司受益？思考一下维珍（Virgin），它把自己的名称应用于明显不相关的商业领域中，如维珍列车和维珍健身房。Hello Kitty 引入 Hello Kitty 健康诊所会稀释还是增强母品牌？是否存在低匹配度品牌能产生强大且积极的延伸效应和回馈效应的情形？近期的一些研究给出了肯定的答案。

我们发现，低匹配度的品牌延伸可以产生积极的延伸效应，甚至产生比高匹配度的品牌延伸更积极的回馈效应，但这种效应只有在表 9-1 所示的情况下才会出现。具体而言，母品牌必须是受人崇拜的，并且在延伸类别中所提供的利益是创新的。

第9章 延用品牌崇拜：实施问题

表9-1 低匹配度品牌延伸的策略应用

什么时候使用低匹配度延伸	如何发挥作用	有什么样的效应	
		延伸效应	回馈效应
·品牌受人崇拜 ·延伸品提供创新的利益	·顾客感到惊喜 ·顾客对延伸品和母品牌的关系很好奇 ·顾客被促使去深入思考延伸品（和它的创新利益）	·顾客对低匹配度延伸和高匹配度延伸有同等的喜爱	·较强烈的母品牌识别 ·更广泛的母品牌识别 ·强化的品牌崇拜（品牌—自我联结和第一品牌回想） ·对其他低匹配度延伸的开放性（未来成长机会）

强烈的品牌崇拜

受人崇拜的品牌用声誉和可靠性来保障低匹配度延伸的实施。当一个品牌并不那么受人崇拜时，顾客甚至还不确定是否喜欢品牌当前的3E利益（赋能、赋情和赋意），又怎么会对延伸品感兴趣呢？

推广一个低匹配度（相对于高匹配度）的延伸品可能需要更高的成本，因为公司需要向顾客清楚地解释一些相关问题（他们可能会追问公司到底为什么会引进低匹配度的延伸品）。但这些推广成本将会被低匹配度延伸带来的信息处理利益所抵消。具体来说，当一个受人崇拜的品牌使用一个低匹配度的延伸时，顾客往往会感觉到惊喜。惊喜感会促使顾客更深入地思考母品牌（如 Hello Kitty）和延伸品（如 Hello Kitty 健康诊所）之间的关联。更深入的信息处理会增强公司传播的效果，帮助顾客识别母品牌和延伸品之间关联的意义（例如关心、亲切、同情）。低匹配度还有另外一个优势。一个受人崇拜的品牌与一个低匹配度延伸之间的关联是让人印象深刻和与众不同的，因为它让人感到惊喜。顾客因品牌延伸而惊喜，他们可能会告诉其他人，并和他们讨论为什么这样的延伸是有意义的。

延伸类别中的创新利益

我们的研究发现,只有当品牌延伸在延伸品类中能提供创新利益时,母品牌从低匹配度延伸中获得的回馈效应才是积极的。一间 Hello Kitty 诊所若像其他的健康诊所一样,则不能提供任何与众不同的东西。但是,如果 Hello Kitty 诊所拥有舒适的 Hello Kitty 毛绒椅子、可爱的 Hello Kitty 毯子和枕头以及穿着 Hello Kitty 制服并且面带微笑的员工,那就可以给顾客创造独一无二、与众不同的体验。有趣的是,我们发现,当一个品牌在延伸品类中提供创新利益时,低匹配度产品并没有稀释令人高度崇拜的品牌。相反,品牌的核心联想得到了强化(Hello Kitty 是暖心的)。

更重要的是,当延伸品类所提供的利益具有创新性时,一个低匹配度的延伸能够拓宽被崇拜的品牌的识别。因为低匹配度的延伸让顾客十分惊喜,同时由于顾客最终会找出低匹配度延伸品和母品牌之间的关联,所以顾客对母品牌的理解还是会扩展到新的延伸品及其利益上。例如,当将 Hello Kitty 品牌延伸到健康诊所领域时,顾客对于 Hello Kitty 的联想可能就不仅限于可爱的玩偶和饰品。相反,无论一个人生病与否,他们都可能会联想到更广泛的利益——舒适和关心。

对于品牌理解的拓宽为建立额外的品牌—自我联结和增强第一品牌回想提供了机会,由此导致更强烈的品牌崇拜。它也使顾客更容易接纳与拓展后的品牌识别相匹配的其他延伸。例如,Hello Kitty 在健康诊所的延伸为品牌开辟了一系列与舒适或关心相关的潜在延伸类别。每一个新的延伸都会为公司下一次可能的类别扩张提供更多的可操作性,顾客也不再将他们对于 Hello Kitty 的理解局限在一个单一的场景或类别。相反,他们会接纳任何与拓展后的品牌识别相关的产品。

我们的研究发现,对于受人崇拜的品牌而言,顾客对低匹配度延伸品和高匹配度延伸品的喜爱程度相当,但喜爱的原因却有所不同。高匹配度的延伸品和母品牌之间的关联是显而易见和容易接受的。不过，高匹配度的品类延伸不能营造心理上的好奇和惊喜，从而无法促使顾客更深入地去思考该品牌。与此相反，低匹配度的延伸能创造惊喜，从而促使顾客去发现母品牌和延伸品之间的联系。找出其中的关联是令人开心的，因为它解答了最初的疑问。这种关联也给品牌提供了新的意义，并带给顾客更多喜欢母品牌的理由。

公司不能频繁采用低匹配度品牌延伸，因为它们有效的情况仅限于：（1）受人崇拜的品牌；（2）在延伸品类中有创新的利益。品牌如果不受人崇拜，就不应该使用低匹配度的延伸，即使在延伸品类中提供的利益是创新的。相反，它们更好的选择是扩张到一个高匹配度的延伸品类。

随着时间推移实现最佳延伸效应和回馈效应

许多公司不仅仅提供一种类型的产品和品牌延伸。那么，在品牌的演变中，公司应该怎么决定先进行哪种延伸，后进行哪种延伸呢？这里的问题是，随着时间的推移，多种产品和品牌延伸策略应该如何排序。无论是产品延伸还是品牌延伸，其目的都是用最有效的方式（创造延伸效应）去保留现有的顾客和吸引新的顾客。同样重要的是延伸对顾客如何理解和看待母品牌（回馈效应）的影响。

先后顺序的考虑因素

在使用其他类型的延伸之前，公司先使用某一特定类型的延伸是否效果更好？接下来，我们探讨这个问题。

价值提升先于产品和品牌延伸

当母品牌受人崇拜时，产品和品牌延伸能创造最强大的延伸效应和回馈效应。因此，在选择任何的产品或品牌延伸前，正如第3章到第6章所讨论的，品牌管理者应该尽可能地为品牌建立起信任、挚爱和尊重。依据第7章描述的价值提升策略，他们应该持续提升品牌对顾客的价值。在进行产品或品牌延伸前，品牌管理者应该投入时间和精力，确保现有的品牌能为顾客带来价值，在市场竞争不断演进的情况下尤为如此。

建议1：在进行产品和品牌延伸前，对品牌崇拜的建设进行投资。

产品延伸先于品牌延伸

产品延伸加强了母品牌在当前品类中的相关性和竞争力，它提供了更多的理由来解释为什么顾客应该信任、挚爱和尊重品牌。有了产品延伸，公司就可以充分利用各种运营资源，例如生产、研发、渠道等，以帮助公司有效成长。在原有品类中稳固的市场份额可以使公司处于强有力的地位，进而将品牌作为一项资产延伸到不同品类。这可以通过产品延伸来实现：(1) 鼓励原有顾客更频繁或更大量地消费产品；(2) 吸引竞争对手的顾客；(3) 通过研发不同的产品，满足此前尚未购买该产品的、不同细分市场的顾客的需求，从而将原本不使用该产品的群体转变成该品牌使用者。

建议2：在进行品牌延伸前，通过产品延伸让受人崇拜的品牌与原有品类中的顾客群体产生更强的联结。原有品类的强大可靠性为新品类的品牌延伸铺平了道路。

品牌延伸紧跟产品延伸

当一个受人崇拜的品牌在母品牌的品类中广为人知且深受信赖时，它就有了稳固的市场地位以延伸至新品类。但是，此时应该使用五种品牌延伸策略中的哪一种呢？我们建议使用基于联合消费、基于交替消费和基于替代的品牌延伸策略中的一种。这些策略允许公司占据一个和母品牌产品相关的特定需求类别，它们可以利用品牌现有顾客基础和运营资源（如生产、研发、渠道等），从而促进有效增长。此外，它们能增强品牌的核心记忆联想，并通过联结将核心记忆联想扩展到其他品类上。后者不仅能够帮助品牌在单一的品类中获得声誉，也能满足不同品类中和顾客相关的特殊消费需求。

建议3：通过产品延伸建立起高度的品牌崇拜之后，应该聚焦于品牌延伸，该延伸能让品牌满足与原有产品消费相关的使用者需求。

将基于特征或基于理念的品牌延伸作为最终目标

最后，当一个受人崇拜的品牌被认为能解决普遍需求的时候，公司无论进行基于特征的延伸还是基于理念的延伸，都处于有利的位置。此时，目标是拓宽（而不是稀释）品牌记忆联想，以确保公司高效地增长。实现的路径是将品牌扩展到与母品牌主要特征相关联的新市场。施华洛世奇因其雕塑和珠宝中使用的奢华的切割铅玻璃而广为人知，如今将其名称延伸到高端光学设备上，如双筒望远镜、步枪瞄准镜和望远镜。通过这些基于特征的延伸，施华洛世奇品牌获得了有效的成长（延伸效应）。此外，施华洛世奇的核心记忆联想（即高精度切割玻璃）被强化，而没有被稀释。施华洛世奇也被赋予新的记忆联想，从而拓展了品牌识别。同理，一些公司可能会进行基于理念的延伸。例如，香奈儿、维珍和耐克通过基于理念的延伸实现了类似的延伸效应和回馈效应。

建议4：最终的目标是通过基于特征和基于理念的延伸，将品牌扩展到多元化的品类。这些策略让品牌更有效地成长，同时也增强和扩展了记忆联想。

当然，我们不应该盲从上述建议的先后顺序。正如之前所述，关于公司自身、竞争和顾客的考虑也会影响到使用何种延伸策略。例如，无论有多么好的延伸机会（例如没有竞争，强烈的顾客需求），如果公司没有必需的资源去寻求这样的机会，它们也难以为公司所用。

阐述品牌演进（战略成长路径）的地图

总体上，上述四个建议符合多数成功公司的品牌演进过程。例如，耐克最初采取了一系列价值提升策略来改进鞋子，增强该品牌在多个细分市场的相关性（如图 9-1 所示）。产品的改进包括气垫减震、加强踝关节保护和定制样式。接着，耐克将品牌名称从跑鞋扩展到其他运动鞋、足球鞋、篮球鞋、高尔夫球鞋等鞋子拓宽了与耐克相关的联想。此举增强了耐克跑鞋的核心识别 ["Just Do It"（想做就做）= "do that marathon"（跑马拉松）、"start running"（开始跑步）等]，并将品牌识别从跑鞋扩大到运动鞋 ["Just Do It"（想做就做）= "practice your football game"（练习你的足球）、"go ahead and exercise"（行动起来开始运动）等]。

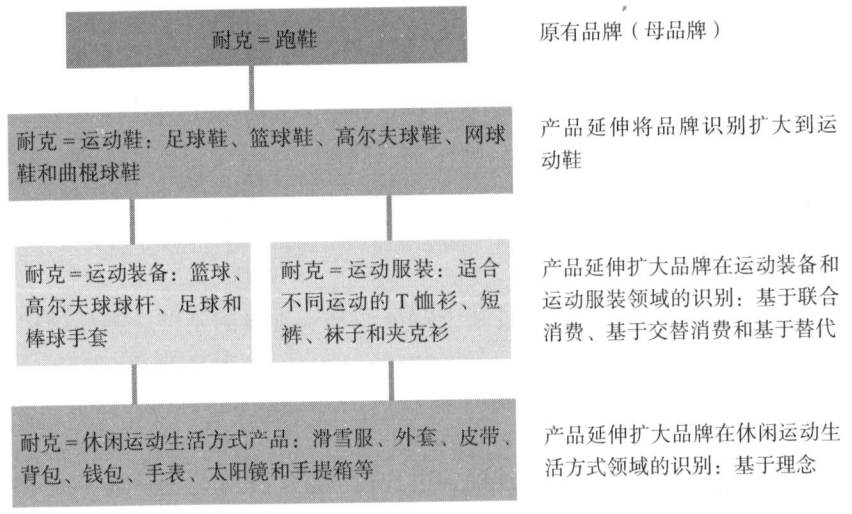

图 9-1　耐克品牌进化地图

耐克在运动鞋领域的延伸，为后续将其名称延伸到其他与运动有关的品类上创造了机会。各类不同运动的装备和服装巩固了耐克在运动方面的品牌识别，也扩展到鞋子以外、与运动需求相关的其他品类。之后，延伸到休闲服装、旅行包和配饰（皮带、手表、太阳镜等）等系列品类上，进一步扩大了和耐克相关的记忆联想,从而将原本完全聚焦于运动设备(装备和服装)的公司转变成一个运动生活方式品牌,充分体现出休闲服装和休闲的、积极的生活方式的品牌识别。耐克基于理念的品牌延伸将耐克的基本理念扩大为一个休闲的、代表运动生活方式的品牌。如今,耐克已经不再依赖跑鞋市场的增长。延伸策略使耐克有机会让品牌在多样化品类中建立关联和获得增长,以平衡其风险。

让我们用另一个品牌再次阐述品牌演进和成长路径。艾禾美的价值提升策略为顾客提供了另一个强有力的理由,以解释为什么应该购买艾禾美小苏打粉(例如,给自己的冰箱除味)。此举让艾禾美能够延伸至其他有除味需求的场景。例如,适用于冰箱和冷柜的 Fridge-n-Freezer 和适用于浴室的 Fresh-n-Natural。这些产品延伸扩大了品牌识别,让品牌从一个单纯的烘焙原料品牌,变成与强力除味功能相关的品牌。有趣的是,不同于耐克,艾禾美并没有提供和烘焙或者除味相关的基于联合消费的品牌延伸、基于交替消费的品牌延伸或基于替代的品牌延伸,相反,它直接引入多种基于特征的品牌延伸,例如宠物护理(小狗垫、宠物湿巾等)、个人护理(鼻腔清洁器、牙膏、止汗剂等)和织物护理(织物柔顺剂、洗涤催化剂等),这些都进一步将品牌识别从除味扩大到清洁。

通过这些延伸,艾禾美展现了这样的理念:其品牌适用于顾客家里一切有生命的(顾客和他们的宠物)和无生命的(冰箱和服装)实体。人们对自己的家有着温馨和积极的感情,这些感情和爱与品牌延伸紧密相连,帮助艾禾美进一步延伸品牌。如今,艾禾美已经不仅仅是一家烘焙原料公司,艾禾美的品牌识别已经演进为"家庭护理"这一更广泛的理念。艾禾美的案例表明,通过一系列基于特征的延伸,能将一个品牌的识别转变为更抽象的理念识别。

我们建议品牌管理者认真思考他们希望的品牌的具体成长路径和记忆联

想，然后确定和实施一系列产品延伸和品牌延伸，引导品牌向这些联想的方向发展。关于如何随着时间的推移绘制品牌演进轨迹，我们在此提供最后一点建议。

建议 5：当进行产品延伸和品牌延伸时，公司不妨从最终目标开始着手，阐明当前的品牌识别是什么，以及随着时间的推移可以有效率且有效果地实现哪些品牌识别。

公司应该主动进行品牌延伸，以便提升品牌在市场竞争中的价值，同时以产品延伸来抢占产品市场。此后，品牌延伸可以将产品延伸到不同品类，与原有品牌联合、交替或替代使用。最后，品牌延伸也能通过基于特征和基于理念的延伸实现产品在不同品类的扩张。当公司在进行产品延伸和品牌延伸时，若能充分考虑所采用的策略和演进路径，品牌崇拜就能持续地得到提升和加强。

关键知识点

1. 为了能从有效的增长和强大的回馈效应中获益，第一步要建立品牌崇拜，然后用价值提升策略去不断加强它。

2. 产品延伸能增强母品牌的核心记忆联想，拓宽品牌识别并增强第一品牌回想。

3. 基于联合消费、基于交替消费和基于替代的延伸能培育品牌与特定需求的关联性。

4. 基于特征的延伸能够增强品牌在多样化的市场和类别中所提供产品／服务特征的关联性。

5. 基于理念的延伸能够增强品牌在多样化的市场和类别中相关理念的关联性。

6. 当延伸的品类有较高匹配度（例如类别匹配、特征匹配、使用匹配、利益匹配和理念匹配等）时，产品和品牌延伸能创造更强的延伸效应和回馈效应。但是，当受崇拜的品牌在低匹配度延伸类别提供创新利益时，能够产生最强的回馈效应。

7. 在进行产品延伸和品牌延伸时，要时刻将最终目标或目的牢记心中，不仅要思考当前的品牌识别，更要思考品牌未来的最终识别是什么。

你的品牌如何？

1. 在你的组织中，你是如何进行产品延伸和品牌延伸的？

2. 你在多大程度上会考虑进行低匹配度的延伸？

3. 为了品牌长期的健康和成功，你在多大程度上会考虑遵循策略性的品牌演进地图（成长路径）？

第 10 章
品牌架构设计

构成公司的那些品牌是公司整体的一部分……每一部分都应该与整体相匹配。

引言

美国高端食品连锁店全食超市（Whole Foods Market）在全球已经相当成功。然而，尽管有机食品很流行，这个品牌却开始面临增长缓慢的问题。为了吸引那些不到全食超市购物的人，公司组建了低价食品连锁店 365 作为姐妹品牌（365 是全食超市的自有品牌）。新的连锁店旨在吸引那些想购买价格可承受的天然食物的年轻顾客。为了实现这个许诺，全食超市希望 365 可以用更低的成本经营。它希望赋予 365 一个时尚、炫酷又具有高科技导向的识别。那么全食超市把它的新品牌命名为 365 的决策，是一个好想法吗？

谷歌提供了多种谷歌品牌的服务，其中有谷歌学术、谷歌理财、谷歌地图和谷歌图片搜索。此外，谷歌还向其他公司（谷歌关键字广告）、消费者（谷歌浏览器）甚至初创公司（谷歌风投）提供谷歌品牌的服务。然而，它也有些品牌并不使用谷歌名称（例如生物科技公司Calico和智能家居产品Nest）。谷歌近期进行了重组。谷歌品牌现在属于一个名为Alphabet的控股公司。市场对此做出积极回应：谷歌股价上涨了5%。这对于谷歌来说是一个好的长期决策吗？如何来判定呢？

概述

与开篇案例有关的一个概念被称为品牌架构设计，我们把它定义为一个公司品牌组合的分层级展示，以确保最佳的财务、资产建设和组织利益。

我们在这一章探讨品牌架构设计的定义和利益。正如建筑师在设计建筑时必须确保全部组成部分共同构成具有持久价值的坚固结构一样，管理者必须对公司进行设计，以使全部品牌共同努力，进而建立具有持久价值的强大公司。品牌架构设计的决策影响着包括消费者和投资者在内的利益相关者如何感知这家公司，而且它们也影响着员工对公司及其目标的理解，以及员工在传递品牌价值中的角色。

品牌架构设计的概念表明，公司应该有一个总体战略焦点，以此引导其个体和整体品牌的识别。这样的焦点会帮助顾客理解这家公司，让顾客知道它在做什么以及代表什么。采取基于公司品牌组合的整体战略聚焦也会帮助公司实现最佳的财务、资产建设和组织利益。不幸的是，品牌命名的决策往往是临时决定的，新产品的市场机会和增长潜力通常被放大，对新品牌能给公司品牌组合带来什么常常缺乏透彻思考。其中一个原因是，品牌架构设计的概念有些模糊。我们希望在这一章中可以阐明它的意义。具体而言，我们的目标在于：（1）识别公司在设计品牌架构时可以考虑的关键品牌命名选项；（2）描述品牌管理者如何设计他们公司的品牌架构，从而有效地适应公司的各种品牌决策；（3）阐明公司在开发它们的品牌架构设计时应该考虑的关键的财务、资产建设和组织标准。

在品牌架构设计中的品牌命名选项

我们在第 1 章中指出，品牌命名有助于顾客识别品牌，并将它与其他品牌区分开。当考虑如何命名一个新的品牌时，一个有用的做法是采取分类法或评估潜在品牌命名选项的方式。最理想的是，这个类型中的品牌化选项应代表该公司可以选择的一组品牌命名选项。它还应该阐明这个新品牌与公司原有的其他品牌有何联系。表 10-1 展示了分类的例子。

表 10-1 品牌命名选项类型

品牌化选项	延伸品牌化				关联品牌化								独立品牌化			
	直接的		链接的		子品牌化		背书品牌化		间接品牌化		联合品牌化		基于词语的		基于短语的	
型号	有型号	无型号	有型号	无型号	有型号	无型号	有型号	无型号	有型号	无型号	有型号	无型号	有型号	无型号	有型号	无型号

品牌命名选项包括三种宽泛的类型：延伸品牌化、关联品牌化和独立品牌化（如表 10-1 所示）。这三种类型中新产品的名称与母品牌关系的远近程度有所不同。延伸品牌化表示，新产品的名称与母品牌强相关（或接近）。独立品牌化意味着新品牌的名称与母品牌无关（或关系最远）。关联品牌化是一个中间选项。第二个值得注意的事项是，每个品牌命名类型都有不同的

选项。延伸品牌化包括直接和链接的品牌化选项。关联品牌化有四种品牌化选项：子品牌化、背书品牌化、间接品牌化和联合品牌化。独立品牌化有两种选项：基于词语的和基于短语的。

最后需要注意的是，每一种选项都可以包括或不包括一个型号。型号是一个描述符，它将信息添加到所选的品牌选项中。它嵌套在八个品牌化选项中。表10-1展示了八种品牌命名选项的分类，它们可用或不用型号。我们接下来会解释这些品牌化选项的意义和重要性。

延伸品牌化

公司可以考虑的延伸品牌化选项有两种类型：（1）直接延伸品牌化；（2）链接延伸品牌化。

直接延伸品牌化

直接延伸品牌化是公司将已有的（母品牌）名称用于一个新业务或新产品。例如，谷歌从一般互联网搜索转到地图（谷歌地图）、学术文章（谷歌学术）和购物（谷歌购物），就用了直接延伸品牌化。有了延伸品牌化，母品牌（谷歌）就成为新品牌识别（如谷歌地图）的主要驱动力。第8章已集中讨论了直接延伸品牌化选项。

链接延伸品牌化

使用链接延伸品牌化时，母品牌的一个关键元素就被用于命名新产品。例如，麦土豆（McPotato）和麦咖啡（McCafe）中包括的麦（Mc），是麦当劳品牌的关键部分。中国的小米是世界上最有价值的科技创业公司和电子消费品公司之一，它已经使用米（Mi）去命名新产品，如小米耳机、MIUI 7（软件平台）、小米4i（智能手机）等。阿里巴巴在它的线上支付系统支付宝（Alipay）和线上零售服务全球速卖通（AliExpress）也使用了这种品牌命名选项①。

正如我们在第 8 章和第 9 章所提到的,为一个新的品牌建立品牌知名度尚且需要花费时间和资源,更何况是建立品牌崇拜。在新业务或新产品上使用一个已有的品牌名称(或母品牌),会让顾客将他们关于母品牌的认识和体验转移到新业务或新产品中。顾客会很自然地形成这些联系。因此,公司如果采用延伸品牌化的命名选项,而不是创造一个全新的品牌,可以花费更少的时间和资源来创造新产品的联想。特别是当积极的延伸效应和回馈效应能够实现时,这种方式尤其正确。

然而,延伸品牌化并非没有风险,因为母品牌很容易遭受潜在的稀释。如果母品牌与延伸品之间没有意义上的关联,那么顾客就会对品牌代表什么感到困惑,从而损害品牌识别。延伸品如果未能兑现自己在市场上的品牌承诺,也可能事与愿违,毁了母品牌的声誉。此外,伴随着延伸品牌化,顾客可能把延伸品的事故引申到母品牌。

不过,当以第 9 章建议的方式透彻地考虑延伸决策时,积极的延伸效应和回馈效应一般远远超过品牌稀释的风险。

关联品牌化

在关联品牌化中,新产品与母品牌的联系弱于延伸品牌化。因此,如果新品牌表现不佳,公司就会放弃可能的延伸效应和回馈效应,以降低对母品牌的损害风险。让我们来仔细探讨表 10–1 所示的四个关联品牌化选项。

子品牌化

子品牌化是在母品牌名称后面增加一个新的品牌名称。母品牌可能是一家控股公司、有限公司、战略业务单元或者是一种具体的产品。在此,公司充分

---

① 两个品牌的英文名称都用了 Ali,但中文名称看不出来。——译者注

利用母品牌的资产（如信任、信赖、奢侈形象等），同时为子品牌开发一个独特的名称和识别。子品牌与母品牌不同，但仍是母品牌家族的一员。不妨想想微软和微软 Xbox 游戏机（如表 10–2 所示）。Xbox 游戏机（微软子品牌）相对于微软母品牌而言有更年轻、更炫酷的形象，并且它更有力地吸引了年轻玩家。丰田普锐斯利用了与丰田相关的常规特质（比如可靠性和用户友好），同时开发了新的特质，如燃油效率和环境友好。因为子品牌有它自己的识别，所以其所实现的延伸效应和回馈效应比延伸品牌化要弱一些。

当母品牌的特征或联想不容易转移到新产品，或者当新品牌需要与母品牌有所区别时，子品牌是一种可行的品牌化选项。以保时捷博克斯特、保时捷卡宴和保时捷迈凯为例。一方面，保时捷母品牌希望通过顾客对母品牌的信任、挚爱和尊重获取支持，从而有效地建立新的业务（例如，在 SUV 市场和低价细分市场）。另一方面，公司又不希望新业务与母品牌联系太紧密，因为母品牌以高性能赛车而闻名。开发子品牌表示新品牌是母品牌的特别版。子品牌有额外的好处。首先，公司可以在广告、促销和分销方面获得成本效率。其次，子品牌还允许公司瞄准新的、专门的顾客群体，他们的需求可能与母品牌相关的需求有所不同。

在子品牌化中，母品牌名称总是首先出现，以使新产品仍然与母品牌及其识别联系紧密，并且子品牌从属于母品牌。这可能使得子品牌难以建立自己独立的品牌识别和资产，除非公司为子品牌推广新的品牌识别。例如，福特金牛座（福特的许多子品牌之一）是几十年前中型车市场中最好的品牌，如今它的识别以及相对于其他福特品牌的独特性已经逐渐模糊。数量过多的子品牌加剧了这种现象。如果关键目标与母品牌区别开，其他品牌命名选项（稍后阐述）就可能更好。不过，如果管理得当，母品牌和子品牌都可以驱动市场对新产品（例如丰田凯美瑞、本田雅阁等）的需求。

第10章 品牌架构设计

表10-2　不同品牌选项的定义和示例

延伸品牌化

- 定义：使用相同的品牌名称（控股公司、集团公司或产品）推出一种新业务（公司、战略业务单元或产品）
- 示例：英国维珍大西洋航空公司、维珍金融、维珍图书、维珍假日、维珍酒业；甲骨文云计算、甲骨文移动、甲骨文数据库；马士基航运公司、马士基石油、马士基钻井；小米耳机、小米4i（智能手机）；阿里支付宝、阿里全球速卖通；卡特金融、卡特租赁商店；麦土豆、麦咖啡

子品牌化

- 定义：在现有品牌后面增加一个新的品牌名称，使新品牌成为母品牌的一个特别版
- 示例：丰田普锐斯、丰田卡罗拉、丰田凯美瑞；微软Xbox、微软Lumia、微软HoloLens；英特尔至强、英特尔凌动、英特尔夸克

背书品牌化

- 定义：通过母品牌的背书来支持新品牌
- 示例：万豪的万怡酒店，迪士尼出品的《冰雪奇缘》、《超能陆战队》及其他娱乐电影，拉尔夫·劳伦的Polo衫，卡特彼勒的索拉透平、卡特彼勒的Turbomach

间接品牌化

- 定义：间接地将一个已知的母品牌与一个新的品牌联系起来（例如，母品牌名称在包装上、广告中或其他营销方式中出现，但不突出）
- 示例：通用磨坊的小麦干、保健麦圈和其他产品，巴斯夫（BASF）的Novasil、Lucarotin、Lutrell、Lupro-Grain和Amasil NA

联合品牌化

- 定义：两个知名品牌利用各自品牌的优势联合产生一个新的品牌
- 示例：阿迪达斯保时捷设计运动鞋（Adidas Porsche Design athletic shoes），歌帝梵瘦得快蛋糕粉（Godiva Slimfast cake mix，虚构的例子），迪士尼·皮克斯（Disney·Pixar）

独立品牌化

- 定义：一个名称独立和区别于母品牌的新品牌
- 示例：雷克萨斯和丰田，纯真饮料和可口可乐，波音和阿帕奇直升机，娱乐体育节目电视网（ESPN）和迪士尼，阿里巴巴和淘宝

背书品牌化

背书品牌化是指一个成熟的母品牌推出新的市场产品。例如万豪推出的万怡酒店、迪士尼出品系列、拉尔夫·劳伦的Polo衫以及卡特彼勒公司的索拉透平。在此,母品牌通过为新产品背书发挥支持性作用。背书品牌向顾客保证在新产品背后有一个强大的、高品质的品牌。因此母品牌(背书者)为新产品提供了可信度和正统性,同时允许被背书的品牌独立运营。如《冰雪奇缘》或《超能陆战队》电影,如果没有被迪士尼名称背书,可能难以如此成功。

背书品牌化和子品牌化有两个重要区别:第一,背书品牌化的重心放在强大的延伸效应上,因为新品牌是由母品牌支持的。但是与子品牌化相比,背书品牌化对母品牌的回馈效应较弱。第二,对于背书品牌化而言,转移到新品牌的是母品牌(背书者)的正统性和可信性,而对于子品牌化而言,转移到新品牌的是与母品牌有关的记忆联想和识别。当新产品需要一个独特的识别来与母品牌形成区分同时又想从母品牌的可信度中受益时,背书品牌化优于子品牌化。

有时候公司会背书一个新的产品类别,这看似是一种背书品牌化的选项。例如,德国品牌Tchibo将其瑜伽上衣和瑜伽裤系列称为"Tchibo运动",将其儿童服装系列称为"Tchibo儿童"。但实际上这些都不是背书品牌化,因为新品牌只是公司开发的不同产品类别。如果顾客认为"运动"或"儿童"是独特的品牌名称,我们才会将其视为背书品牌化的示例。否则,这些名称只是延伸品牌化的变化形式。

间接品牌化

间接品牌化是指新产品仅间接与母品牌相关。间接品牌化和背书品牌化都使用与母品牌名称相互独立的品牌名称。但是对于间接品牌,母品牌不是显而易见,并且来自母品牌的支持没有那么直接。

例如，通用磨坊生产谷物麦片的历史，对通用磨坊推出小麦干和保健麦圈是有利的，但通用磨坊的名称不是小麦干或保健麦圈名称中的一部分。通用磨坊的名称在这些产品上并不明显，仅显示在这些品牌包装的左上方。巴斯夫是世界领先的化学品公司之一，对其品牌 Novasil、Lucarotin、Lutrell 和 Amasil 的推广就是采用了间接品牌化。这些品牌都为奶牛和其他反刍动物提供营养，但巴斯夫仅间接使用了母品牌名称。

鉴于母品牌和新品牌名称之间的差距较大，间接品牌化的延伸效应和回馈效应相较背书品牌化而言更弱。当公司想为新业务开发独特的品牌识别时，此品牌化选项是适当的。母品牌提供一些可信度和支持（如同背书品牌化），但所凸显的是新品牌的名称。

这并不是说母品牌在间接品牌化中不能为新品牌提供可行性、正统性或质量保证。例如在韩国，圃美多使用间接品牌化就取得了巨大成功。或者想想顾客是多么信任和重视拜耳（Bayer）母品牌名称下的一系列消费者保健产品。这取决于公司如何推广其母品牌名称（例如，通过公司广告），即使新品牌中不凸显母公司名称，顾客也可以将母品牌名称视为强大且令人放心的质量印记。

联合品牌化

第四种类型的关联品牌化是联合品牌化。在这种方式下，两个品牌（来自同一家公司或来自不同的公司）共同组合形成一个新的市场业务、产品或公司（如表 10–2 所示）。例如阿迪达斯保时捷设计运动鞋、汰渍双倍强效（Tide 2×Ultra）与芬亦飘清新剂（Febreze Freshness）联合推出的洗衣液，或迪士尼·皮克斯。使用这个品牌化选项的目标是传达新业务（或产品）具有每个品牌的优势，和/或其中一个品牌弥补另一个的弱点。不妨思考一下歌帝梵瘦得快蛋糕粉的虚构例子。歌帝梵以浓郁、奢华的巧克力而闻名，但很少有人会将该品牌与低热量联系起来。瘦得快（Slimfast）则相反，它是众所周知的低热量（虽然不一定好吃）的食物。通过组合，歌帝梵和瘦得快可以弥补彼此的弱点（例如，歌帝梵瘦得快蛋糕粉）。

因为涉及两个品牌，联合品牌化和背书品牌化有些许类似。但是对于背书品牌而言，哪个是背书品牌，哪个是被背书的品牌，这一点很清晰。而在联合品牌化中，两个品牌相互为对方提供背书。此外，在背书品牌化中，被背书的品牌会使用一个新的名称。联合品牌化中，已有的两个品牌名称都会用在产品上。歌帝梵瘦得快蛋糕粉采用了背书的形式，但它实际上是一个联合品牌化的例子，因为歌帝梵和瘦得快在各自的领域中已经是知名的和成熟的品牌。

联合品牌化的一个缺点是，顾客可能更难理解联合品牌的识别，因为它是与每个品牌相关联的混合联想。当两个品牌没有强大的内在强化或互补性的识别时，顾客可能不会理解它们如何相关或为什么相关，或者这个新产品或公司代表什么。

联合品牌化创造了有助于联合品牌产品的延伸效应。联合品牌化也有回馈效应。然而，通常难以清晰地了解哪个品牌从积极回馈效应中获益更多。例如，在歌帝梵与瘦得快的联合中，是歌帝梵巧克力受益更多（例如，被认为是低热量且美味的巧克力品牌），还是瘦得快受益更多（例如，作为低热量的蛋糕粉兼具丰美的、令人垂涎的味道）？当一个品牌明显比另一个品牌更弱时，较弱的品牌从回馈效应中获益更多。与所有品牌化选项一样，联合品牌产品至关重要的是践行感知。否则，延伸效应将受到限制，对母品牌的回馈效应也将是消极的。

独立品牌化

最后一个品牌化选项是独立品牌化，也就是说，新品牌与母品牌无任何关系。独立品牌化的目标是创建一个新的业务（或产品），它有自己独特的和独有的名称和识别,与母品牌名称相互独立(如表10–2所示)。例如,没有营销活动将雷克萨斯当作丰田母品牌的产品进行推广,也没有多少消费者知道民用飞机制造商波音生产阿帕奇武装直升机。此品牌化选项不会对新产品产生任何延伸效应,因此,在营销资源不受限制时较为有用。这种选项也不会产生任何回馈效应,因此,当公司希望避免任何因与新产品关联而造成的母品牌稀释时,这就是一个好的选择。例如,本杰瑞(Ben & Jerry's)冰激凌由联合利华所有,这个品牌让人联想起在佛蒙特州自制冰激凌的两个家伙的形象,与跨国公司的联系显然无益于本杰瑞。此外,本杰瑞的识别也不会对联合利华的识别产生必要的帮助。由于母品牌与新产品没有联系,当品牌危机发生时,独立品牌化选项很少会对整个公司造成不利后果。虽然餐饮品牌国际集团(Restaurant Brands International)拥有汉堡王这个品牌,但大多数消费者并不知晓这一点。如果汉堡王遭遇危机,这个危机的消极影响也不会传递到餐饮品牌国际集团。

独立品牌化选项也适用于公司想要多元化,进入与母品牌不相关的新领域(产品类别)的情形,尤其是当这个新品牌本身可以提供一系列产品和品牌延伸的时候。想想阿里巴巴的举动,它把针对商业顾客的网上采购平台称为阿里巴巴B2B平台,而将针对零售顾客的网上购物平台起了另一个名称:淘宝。

基于词语的和基于短语的

对于独立品牌化而言,公司可以使用一个词语或一个短语来命名品牌(如表10–1所示)。基于词语的名称比基于短语的名称更为普遍,但从识别的角度来看,基于短语的名称可能更好。以短语命名的品牌例子包括"我不敢相信它不是黄油""万能卫浴寝具批发商城""食必美味"等。相比基于词语的名称,基于短语的名称更容易创造品牌识别、回想和积极的品牌态度,因为它们更不常见也更能够描述品牌的利益。因此,它可以低成本地传达品牌利益。基于短语的名称还能带来未来的品牌延伸。例如,联合利华的品牌

"我不敢相信它不是黄油"可以通过使用相同的短语，很容易延伸到其他产品类别中（如"我不敢相信它不是牛奶""我不敢相信它不是汉堡包"等），从而充分利用延伸和回馈两种效应。

型号

虽然一个新的品牌名称可以带来差异化，但公司还可以用型号来创造差异化。型号用描述符来表达新产品的性质（比如，业务、产品利益、使用条件、高端或升级的款式、目标市场）。例如，波音707、717和747飞机，以及尊尼获加（Johnnie Walker）的蓝标或红标苏格兰威士忌。歌帝梵有黄金精选系列，雨果·波士（Hugo Boss）有橘色系列。尽管这些型号未必能受到法律保护，但它们是有成本效益的，因为描述性或象征性标签表明该品牌与公司生产的其他品牌有所不同。型号可以用于并且嵌套在上述表10-1中所描述的八种品牌化选项中的任何一项。例如，型号可以被用于延伸品牌化（如保时捷911）、子品牌化（如丰田卡罗拉L、任天堂超级马里奥兄弟2）、背书品牌化（如迪士尼出品《玩具总动员3》）或联合品牌化（如卡特彼勒Gore-Tex安全靴）。

设计公司品牌架构

尽管表10-1展示了公司在引入新产品时可以考虑的一系列品牌化选项，但有效的品牌架构设计还应该明确构成公司的品牌在业务不同层级结构之间如何相互关联。正如表10-3所示，品牌命名决策可以出现在公司业务的所有层级上：在战略业务单元层级、在产品类别层级等，直至最底层的某一子产品名称上。因此，品牌架构设计空间可使用表10-3中所示的8（品牌选项）×2（有或无型号）×5（业务层级水平）的矩阵描述。

表 10-3 品牌架构

品牌化选项		延伸品牌化			关联品牌化								独立品牌化			
		直接的		链接的		子品牌化		背书品牌化		间接品牌化		联合品牌化		基于词语的		基于短语的	
	型号	有型号	无型号	有型号	无型号	有型号	无型号	有型号	无型号	有型号	无型号	有型号	无型号	有型号	无型号	有型号	无型号
业务层级	战略业务单元																
	产品类别																
	产品线																
	产品																
	子产品																

表 10-3 中所示的结构可以服务于如下几个目标。

第一，公司用它来代表公司当前的品牌架构。丰田有一个战略业务单元，被称为丰田金融服务公司。这是一个带有型号的直接延伸品牌化的例子（见表 10-4）。在同一个业务层级上，丰田也采用了无型号的独立品牌（雷克萨斯）。用表 10-4 的方式来描绘公司的活动，阐明公司品牌的范围以及它们如何相互关联。例如，增加雷克萨斯作为一种独立品牌，帮助丰田实现其品牌组合的多元化和进入奢侈品领域，同时保持在非奢侈产品线中的价格可承受的联想。它也抓住了那些通过经销商购买和融资的丰田买家。DC 塔库玛（Tacoma）是一个引入丰田塔库玛卡车和 DC 鞋品牌的联合品牌产品，这种卡车有雪犁、齿条以及可装载摩托雪橇和帐篷的行李架。

第二，这个品牌架构设计模型可以被用来重新评估公司当前的品牌架构，以寻求改进的可能。事实常常如此，因为公司需要主动适应不断变化的市场和商业机会。

表 10—4 丰田汽车公司的品牌架构

业务层级	品牌化选项 延伸品牌化						关联品牌化						独立品牌化			
	直接的		链接的		子品牌化		背书品牌化		间接品牌化		联合品牌化		基于词语的		基于短语的	
	有型号	无型号	有型号	无型号	有型号	无型号	有型号	无型号	有型号	无型号	有型号	无型号	有型号	无型号	有型号	无型号
战略业务单元	丰田金融服务															
产品类别														雷克萨斯		
产品线													雷克萨斯悬浮滑板			
产品					丰田卡罗拉LE	丰田卡罗拉						DC塔库玛	雷克萨斯NX			
子产品					丰田卡罗拉LE Eco								雷克萨斯混合动力			

第三，在新的机会出现时，它会帮助品牌管理者思考如何命名新业务（产品），因为它包括所有可能的品牌化选项。在接下来的部分，我们具体探讨如何重新评估公司当前的品牌架构，以及如何命名一个新产品。

在公司品牌架构中选择一个品牌化选项的标准

当公司引入一个新产品作为它们品牌架构的一部分时，它们需要考虑新产品与公司其他品牌的关系。有三个标准可以帮助公司考虑使用哪个品牌命名选项（不论它们在业务层级中所处的位置如何）。

品牌延用的利益

第一个标准是考虑回馈效应和延伸效应对公司的重要性。在其他条件保持不变的情况下，延伸品牌化比联合品牌化具有更强的延伸效应和回馈效应，而联合品牌化又强于独立品牌化选项。IBM 在云计算的延伸促进了该延伸品的有效增长，并创造了强大的回馈效应，使 IBM 看起来更具创新性和前沿性。需要注意的是，延伸效应和回馈效应需要分别评估，因为它们的影响强度并不相同。例如，背书品牌化（例如万豪的万怡酒店）可能具有强烈的延伸效应（对于万怡），但不具有强烈的回馈效应（对于万豪）。

资产建设利益

第二个标准是考虑每个品牌化选项如何为公司建立资产。使用品牌延伸，公司失去创造一个全新品牌的机会，而全新品牌可以被培养并在未来被延用。如果这个标准很重要，选择独立品牌化和间接品牌化会更好。阿里巴巴决定投资并建立一个全新的消费品牌（淘宝）正是基于这种考虑。

组织利益

第三个标准是考虑品牌决策的组织利益。不同的品牌化选项可以澄清或模糊员工对谁负责什么业务及其原因的理解，可以影响员工是否了解公司的不同业务如何贡献于整体盈利能力和增长，也可以影响品牌管理者理解他们的角色是与公司其他品牌管理者相补充还是相竞争。因此，它们可能影响公司内部的资源和信息共享，进而影响公司的文化和实践。

例如，当公司使用独立（而不是延伸）品牌化选项时，员工或许能更好地理解谁负责及其原因。基于独立品牌化，品牌管理者可以创建一个有自己独特识别和文化的单独品牌，那样就很清楚谁对品牌绩效负责。而对于延伸品牌化或联合品牌化选项，角色清晰度不高，绩效责任就不太清晰。

然而，独立品牌化会造成其他组织问题。由于多个品牌的共存，每个品牌都具有独特的识别，可能导致孤立的思维和各品牌之间缺乏协作。独立品牌化也可能导致在资源和顾客上的竞争。例如，雷克萨斯品牌管理者可能会从丰田的其他高端型号（如阿瓦隆混合动力 XLE Premium）那里窃取顾客。对于子品牌化也是如此，尽管其程度相对较轻（例如，丰田阿瓦隆与丰田凯美瑞）。因此，独立品牌化在角色和责任方面提供了更高的清晰度，但是，由于降低了对资源和关键信息共享的意愿，造成了更多潜在的组织内冲突和竞争、更高的成本和更低的效率。

我们刚才描述的三个标准需要权衡：追求了一种利益可能使追求另一种利益更困难。那么，为了做出关于品牌化选项的决策，公司需要权衡每一个标准的重要性。每一个标准的重要性取决于业务层级结构水平和新产品的性质。例如，当品牌化决策涉及一个新的战略业务单元时，与涉及一个新的子产品相比，组织利益应被赋予更高权重。当新产品与公司当前的产品有很大差异的时候，资产建设利益则更为重要。而当新产品与当前的产品相似的时候，组织利益很可能更重要。由于这些利益重要性的变化，公司经常会在它们的品牌架构

第 10 章 品牌架构设计

中使用品牌化选项组合。例如，谷歌系统地使用带有型号的延伸品牌化选项（如 Google Fiber、Google X 等）。然而，它的品牌架构也包括独立品牌化选项（如安卓、Calico、Nest、YouTube 等），从而可以建设新的资产。

这些相同的利益（标准）可以被用于并购决策中，因为并购决策经常需要更改一些品牌名称。例如，20 世纪 80 年代末 DEC（数字计算设备公司）是世界第二大电脑公司（IBM 是全球第一）。康柏电脑公司在 1998 年收购 DEC 后，停止使用 DEC 名称。惠普公司在 2002 年收购了康柏公司，并且用惠普名称替代了康柏公司名称。当收购品牌的名称替代被收购品牌的名称时，这种替代可能会有强大的组织利益（一个公司和一种文化），这种做法导致被收购的品牌资产的损失。另外的选项是使用联合品牌化或间接品牌化。最终的品牌化决策取决于表 10-5 中所示的标准的重要性。

本章引言描述了全食公司在推出 365 连锁店时的品牌化选项，这三大标准可以被用来评估这个决策的潜在效果。这两个品牌以前都存在，因此该品牌化决策是一个联合品牌化的例子。这种联合品牌策略显然得益于全食公司的声誉，同时也弥补了它的弱点（譬如高价）。尽管这个联合品牌商店的成功将取决于 365 对全食公司的主要顾客的潜在蚕食程度，但其延伸效应是强烈的（通过联合品牌选项带来如资源共享和协作的组织利益）。另外，因为全食公司保持了其天然食品的概念，同时把廉价和高性价比的记忆联想注入母品牌，所以其回馈效应也应该很强。这样看来，延伸效应和回馈效应似乎都很强。尽管新商店的最终成功取决于许多其他因素，但它选择的品牌化选项是明智的（由于 365 是一个已存在的品牌，这种情况下没有资产建设标准）。

本章的开篇也描述了谷歌控股公司 Alphabet 的重组。这次重组充分表明网络搜索和其他互联网相关业务仅代表公司的一个运营分支，其他运营分支包括生物科技（Calico）和智能家居产品（Nest）。谷歌的这种组织方式对于

表 10-5 品牌架构评估标准

品牌化选项	延伸品牌化				关联品牌化								独立品牌化				重要性权重
	直接的		链接的		子品牌化		背书品牌化		间接品牌化		联合品牌化		基于词语的		基于短语的		
型号	有型号	无型号	有型号	无型号	有型号	无型号	有型号	无型号	有型号	无型号	有型号	无型号	有型号	无型号	有型号	无型号	
利益																	
品牌延用 — 延伸效应																	
品牌延用 — 回馈效应																	
资产建设																	
组织因素 — 管理责任																	
组织因素 — 共享资源的使用																	

追求长期增长似乎是一个可行的选择。然而谷歌也必须考虑如何通过 Calico 和 Nest 等独立品牌的产品延伸和品牌延伸，建立延伸效应和回馈效应。公司的品牌架构设计应该根据外部环境的变化定期评估。例如，如果一个品牌遇到了某种不利的市场反应，公司就需要把品牌名称的调整提上日程。然而，更改名称可能只是隐藏这些问题，同时还会产生推广新名称的巨大成本。我们建议公司在如下情况改变品牌名称：现有品牌名称有内在固有的债务问题，并且/或者品牌名称的改变给公司带来非常明显的利益时。鉴于第一个标准，菲利普·莫里斯公司（Philip Morris）把名称改成 Altria 是有道理的。该公司与烟草的强联系使得该品牌很难代表菲利普·莫里斯销售的非烟草产品组合。安德森咨询公司向埃森哲的转变，帮助它避免了在安然丑闻中因为与安然的关系而受到伤害。

关键知识点

1. 延伸品牌化可以创造有力的延伸效应和回馈效应，但是公司需要谨慎，因为在这种情况下母品牌被稀释的可能性也是最大的。

2. 子品牌化可以充分利用母品牌资产，同时建立一个独特的品牌识别。如果能够进行有效管理，母品牌和子品牌都会驱动市场对新产品的需求。

3. 背书品牌化为新品牌提供正统性和可信度，同时允许被背书的品牌独立运营。

4. 当公司想要发展一个业务或产品的独特品牌，并且希望这种来自母品牌可信度的支持采用一种比背书品牌化更不明显的方式时，采用间接品牌化是恰当的。

5. 联合品牌化可以传达产品所拥有的每一个品牌的优势，并且（或）以一个品牌的优势弥补另一个品牌的不足。

6. 独立品牌化的关键优势是一个新业务会有独有的、不与母品牌名称相联系的识别。

7. 型号是区别一种业务或产品的低成本方式。

8. 一个公司的品牌架构设计是对它的业务组合进行有时间依赖性的、结构化的描述。

9. 品牌架构设计需要对品牌架构向公司提供的财务、资产建设和组织利益进行常规评估。

10. 随着公司在业务组合中的成长（或萎缩），公司的品牌架构设计也将不断演化。

你的品牌如何？

1. 你是否参考表 10-3 所建议的方式，仔细思考了你公司整体的品牌组合呢？对于你公司当前的品牌架构，你有什么担忧呢？

2. 是什么逻辑驱动了你当前的品牌架构？这个逻辑是否有助于本章中（表 10-5）探讨的财务、资产建设和组织利益的最优化呢？

3. 你如何改进公司当前的品牌架构，从而为公司创造更大的财务、资产建设和组织利益呢？

Brand Admiration:
Building a Business People Love

第四篇
评估受崇拜品牌对公司和顾客的价值

第 11 章
测量品牌资产

品牌的最终目标：品牌资产。

引言

亚马逊、中国银行、可口可乐、迪士尼、三星及 IBM 等公司的品牌都在世界上最有价值的品牌之列。的确，它们的估价（以数十亿美元计）超过了许多国家的年度国内生产总值。对于公司来说，具备赋予公司或产品品牌财务价值的能力非常重要，对于做出兼并收购的决策者尤为如此。但是，为品牌估值并非易事。一些测量方法只是衡量公司整体的品牌资产，而非其所包含的单个品牌。不同的公司也会选用不同的测量方法，例如，扬－罗比凯广告公司（Yong and Rubicam）的品牌资产评估模型通过差异性、品牌相关性、品牌尊重及品牌知识来测量品牌价值。一些品牌估值模型通过资本、产品、包装和其他要素来评估市场动态及剩余价值，并运用这些指标预测将来的收入和贴现。还有一些估值方法采用联合利润分析法。其他方法通过比较该品牌和一般品牌（或无品牌名称）之间的差异来测量品牌资产。此外，当考虑是否包含顾客数据以及股票市场对品牌资产的评估等因素时，测量方法也可能不同。

每一种测量方法都有其固有的优缺点。然而，营销管理者已经对何为好的品牌资产测量方法达成共识，即基于客观的（而非主观的）标准。好的测量方法应当有理论根据、直观且可信，它应当基于随时可获取的数据，并且最终产生单一的财务数据结果。一个理想的测量方法不仅应提供诊断信息，还应随时追踪其他品牌且可与其他（竞争或非竞争）品牌比较品牌的健康状况。在理想情况下，它可以使管理者追踪公司品牌和其中所包含的各个独立品牌的价值。一个理想的测量方法还应当可用于缺乏同类品牌的情况，或者因品牌名称缺失而无法进行对比的情形。例如，硅谷经济发展联盟如何比较硅谷这个品牌和具有相同特征却没有硅谷名称的品牌的价值？

概述

在这一章中，我们将讨论品牌资产这一概念，并介绍一个我们开发的可用于评估品牌资产的量表。正如图 1-1 所示（再现为图 11-1），品牌资产反映了一个品牌对其所有者（公司）的财务价值，而这种财务价值是基于公司在顾客心中建立品牌崇拜的努力。

或许还不全面，但我们相信我们的量表囊括了此前曾提到的一个好的测量方法应具备的标准。它的理论依据源于我们的品牌崇拜模型。它直观且以品牌管理者可以运用的客观数据为基础。它产生单一的财务数据结果并且允许与任意数量的对象相比较（如随时间推移与品牌本身比较、与相同产品类别的品牌比较、与不同产品类别的品牌比较）。它能够被用于测量构成公司

第 11 章 测量品牌资产

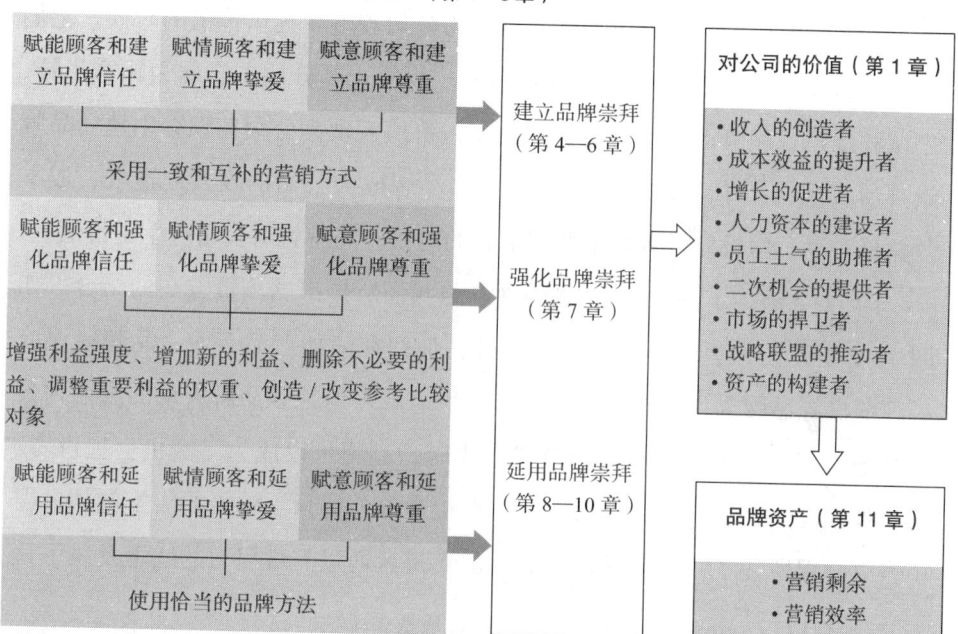

图 11-1 品牌崇拜管理系统

的独立品牌的资产，也可以测量整个公司的资产。该测量方法不需要一个一般的或虚构的无名品牌作为比较基准。如图 11-1 所示，我们假设公司可以在一个品牌生命周期的任何时间测量品牌资产。公司可以在品牌第一次被引进之后就进行测量（第 4 章至第 6 章），或者努力经营其价值后测量（第 7 章），或者在产品延伸和品牌延伸之后测量（第 8 章和第 9 章），抑或是努力建立（或重新设计）公司品牌架构之后测量（第 10 章）。

品牌资产视角

在深入介绍我们提出的评估方法之前，让我们首先了解图 11-1 中与品牌资产相关的概念。如图所示，当品牌为公司和顾客提供价值的时候，它们对公司就具有了资产属性。对顾客而言，价值（部分地）表现为顾客崇拜、忠诚和推崇该品牌的程度。对公司而言，价值表现为公司在顾客中建立品牌崇拜所实现的结果。如图11-1所示，当品牌成为公司的收入创造者、成本效益提升者、增长促进者及市场捍卫者的时候，品牌就对公司产生了价值。

图11-2阐述了图11-1右侧的理念与我们所提出的测量方法的结合。如图11-2所示，顾客越是崇拜一个品牌，他们在诸如产品召回、品牌错误或品牌危机等品牌失误时越容易原谅该品牌。顾客原谅该品牌失误的意愿为公司带来价值，因为这意味着当危机发生时，品牌可以成为二次机会提供者。从某种程度上来说，品牌提供了第二次机会，公司只需较少的成本就从失误中恢复并保留住了现有的顾客。品牌的支持者通过有说服力的线上及线下口

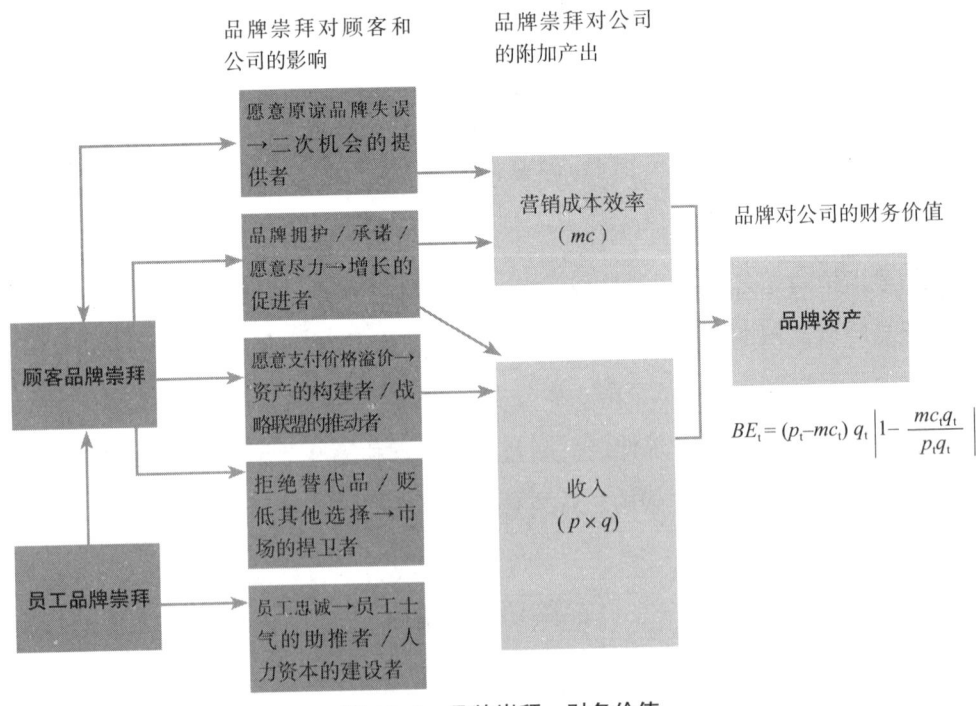

图 11-2 品牌崇拜：财务价值

$$BE_t = (p_t - mc_t) q_t \left| 1 - \frac{mc_t q_t}{p_t q_t} \right|$$

碑效应而带来新顾客，从而带来收入增长。顾客越是崇拜一个品牌，越愿意为其支付溢价。考虑到这些结果，公司更愿意建立品牌资产和吸引相关合作者，并由此产生更高额的品牌收入。例如，与那些不知名的科技公司相比，谷歌更容易吸引合作者。同时，顾客越是崇拜一个品牌，他们越不愿意购买替代产品，也更容易贬低其他选择。这些结果有助于保护品牌免受竞争者的威胁，将市场新进入者带来的销售损失降至最低。

第 4 章讨论了在员工中建立品牌崇拜的重要性。当员工崇拜公司品牌时，公司更容易吸引顶尖人才和培养员工士气。培养员工的品牌崇拜会影响顾客对品牌崇拜的程度（如图 11-2 所示）。顾客崇拜那些能够吸引员工为之工作并且品牌受员工热爱的公司，他们愿意支持那些善待员工的品牌，想要光顾这样一些品牌：它们的员工富有才能并尊重自己的品牌。因此，当员工崇拜该品牌时，图 11-2 中品牌崇拜的结果也会相应强化。

图 11-2 非常重要，它为我们的品牌资产概念和此前章节之间提供了理论联系。它也表明之前提到的品牌对于顾客及公司的价值能够反映在品牌资产的测量上，具体来说是通过以下两个重要要素：（1）品牌为公司带来成本效率的程度（如图 11-2 中的营销成本效率 mc，或单位营销成本）；（2）品牌产生收入的程度（如图 11-2 中的销售单位价格 p 和销售数量 q）。

测量品牌资产

让我们更详细地探讨品牌资产的测量。需要说明的一个重点是，我们的测量重视顾客。尽管我们曾建议公司在员工中培养品牌崇拜，但这么做最重要的原因是优秀的员工可以提升顾客体验。这就是图 11-2 中员工品牌崇拜有一个箭头指向顾客品牌崇拜的原因。

定义品牌资产

在我们对品牌资产的定义中,单位营销成本、单价及销售量是品牌资产的财务测量的输入要素。我们将品牌资产定义为一种财务指标,它反映了在顾客群体中建立品牌崇拜的努力对品牌拥有者(公司)产生的财务价值。从概念上看,与图 11-2 相一致,我们可以将品牌资产视为顾客对公司的资助(如他们愿意支付的价格及愿意购买的数量)和品牌拥有者为保证顾客资助所承担的投资(如对顾客营销产生的成本)两者之间的差额。

重要的是,我们关于品牌资产的定义的着眼点在于公司所承担的、为向顾客营销品牌而产生的成本。这意味着在计算品牌资产时,重点并非公司的所有成本(总成本)。相反,测量的重点在于向顾客营销所产生的品牌成本(营销成本)。最重要的一点是,我们的品牌资产测量是在特定时间点上的评估,它反映了在 t 时间点上品牌对于品牌拥有者的价值。它并不包含未来价值,这个价值需要一个不确定的估算。

品牌资产投入

基于品牌资产的定义和图 11-2,我们认为,为了测量品牌资产,需要知道:(1)顾客为获取品牌而支付的单价(p);(2)公司为赢得顾客而产生的单位营销成本(mc);(3)总销售数量(q)。

单价

我们的品牌崇拜模型指出,当顾客崇拜某一品牌时,他们愿意为获取品牌支付更高的金额。大量的研究证实了这一观点。因此,如果公司在之前时间点(称为 $t-1$)到当前时间点(称为 t)之间提高了产品单价,且在此期间没有负面影响的需求(q)和额外的单位营销成本(mc),其品牌资产也应当相应地增加。在我们的测量标准中,单价反映的是单位批发价格。计算单价时选择批发价格(而非零售价格)是更为合理的。批发价格仅关注公司自身的努力，而非公司及其零售商的共同努力。我们用销售收入除以批发销售数量来计算批发价格，单位营销成本（指向中间商及最终用户）代表公司（而非中间商和零售商）在 t 时间内为产生相应收入所承担的花费。

销售量

同样，研究也支持了顾客对其与品牌关系的重视程度（如他们多么崇拜品牌）同销售量（q）之间的关系。如图 11-2 所示，顾客越崇拜品牌，他们对品牌的承诺越高，就越愿意为得到品牌而投入更多努力。例如，微软公司的 Rare Replay 是 2015 年预售量最高的视频游戏。顾客愿意等候它，而不是在 Rare Replay 发行前购买其他的游戏。顾客对品牌的承诺和努力意愿会减少公司的营销成本。同时，它也降低顾客转而购买竞争者产品的意愿。顾客越崇拜一个品牌，越认为竞争品牌不好，就越会劝阻其朋友和熟人购买竞争品牌，也越会向他人进行积极的口碑传播，这保证了该公司品牌的额外收入。基于上述逻辑，在一段时间内（如从 $t-1$ 到 t 时间点，或者从前一段时间到当前），在没有相关单价的降低（p）和/或单位营销成本（mc）提高的情况下，当品牌需求（q）增加时，品牌资产会相应增加。

单位营销成本

最后，顾客看重（崇拜）品牌的程度，应与公司为刺激品牌购买而承担的营销成本联系在一起（称为"单位营销成本"）。如果品牌崇拜增加，顾客就愿意传播该品牌的积极口碑，这会减少公司为吸引新顾客而花费的成本。而且随着品牌崇拜的增加，公司不需要付出过多努力即可向顾客进行品牌营销。顾客已经对品牌做出承诺并愿意努力得到它（如图 11-2 所示）。进一步说，随着品牌崇拜的增加，保留现有顾客的成本将会减少。因此，当公司在前一时期到当前时期（如，从 $t-1$ 时间点到 t 时间点）减少其单位营销成本，且没有相关收入减少时，其品牌资产增加。同样，当公司在不增加营销单位成本（mc）的情况下实现收入增长时，其品牌资产也会增加。

品牌资产测量的组成部分

前述三个变量（单价、销售量及单位营销成本）为我们计算品牌资产的两个关键组成部分提供了基础。这两个组成部分反映了：（1）未经调整评估的品牌财务价值大小（我们称为营销剩余）；（2）财务价值实现的效率（我们称为营销效率）。这两个组成部分的数学表达如下列公式所示。下列公式虽然看起来复杂，但其实很容易计算。

$$营销剩余 = (p_{jt} - mc_{jt})q_{jt}$$

$$营销效率 = \left(1 - \frac{mc_{jt}q_{jt}}{p_{jt}q_{jt}}\right)$$

在上述两个公式中：

- p_{jt} 代表品牌 j 在 t 时间的单价。
- mc_{jt} 代表品牌 j 在 t 时间的单位营销成本。
- q_{jt} 代表品牌 j 在 t 时间的销售量。
- $mc_{jt}q_{jt}$ 代表总营销成本。
- $p_{jt}q_{jt}$ 代表总收入。

以下我们将更详细地描述这两个组成部分（营销剩余和营销效率）。

营销剩余

通过价格、销售量及营销成本可以计算营销剩余。如上述公式所示，营销剩余反映了顾客在 t 时间点的花费（如他／她获取单位品牌产品所支付的价格）和品牌所有者在 t 时间点的成本（单位营销成本）之间的差异。这个公式与我们所定义的品牌资产相一致，但它并没有根据产生营销剩余的成本效益做出调整。因此，它表示的是一个未经调整的品牌资产的测量。

价格与单位营销成本之间的差额乘以销售量（q_t）就得到了营销剩余。由于购买意愿代表顾客一方，单位营销成本代表公司一方，因此，顾客和公司都反映在营销剩余的公式之中。营销剩余意味着公司创造、传播和传递品牌利益所花费的成本低于顾客为获取该品牌愿意支付的价格。营销剩余越大，品牌对公司在财务上的价值就越大。我们可以将营销剩余看作一个衡量品牌财务价值大小的未经调整的估值。

营销效率

营销效率是品牌资产测量的第二个组成部分，也可以通过单价、销售量和营销成本计算。这个组成部分反映品牌达到其营销剩余的成本效率。与前面的营销效率公式一致，营销效率等于1减去总营销成本和总收入的比值。营销成本占总收入的比例越低，公司的营销成本效率越高。当营销成本效率增加时，品牌资产也增加。因此公司为产生特定水平的收入，在营销上的花费越少，其品牌资产越大。营销效率组成部分假设品牌收入大于0。与营销剩余一样，营销效率同时涵盖顾客投入（顾客反应表现为收入）和公司投入（营销成本）。

营销剩余和营销效率的独立性

重要的是，尽管营销剩余和营销效率包含了相同的变量（单价、销量及单位营销成本），但它们仍是独立和不相关的品牌资产组成部分。营销效率充当着营销剩余的权重。它以获取剩余所需的成本来调节营销剩余。更确切地说，即使两个品牌有相同的营销剩余，如果某一品牌能够比另一个更有效率地获取这个收入，它们各自的品牌价值仍是不同的。

我们用表11-1中的简单例子来具体说明。品牌A有100美元的总收入（单价为10美元，销售量为10）和10美元的总营销投入（单位销售成本为1，销售量为10）。品牌B有200美元的总收入（单价为20美元，销售量为10），及110美元的营销总投入（单位销售成本为11，销售量为10）。两个品牌有着相同的营销剩余（90美元）。但是，两者在营销效率方面有着很大的差别。品牌A的价值高于品牌B，因为它取得相同的营销剩余比品牌B的花费更少。假设两个品牌的所有其他成本相同，两者之间的差异表明，为取得相同的单位收入（$p-mc$），品牌 B 所花费的营销成本是品牌 A 的 11 倍以上。根据营销效率调整计算后，品牌 A 的价值是 81 美元，品牌 B 的价值是 40.50 美元。简而言之，当某一品牌用有限的（大量的）营销成本产生大量的（有限的）收入时，该品牌享有最高（最低）的价值。

表 11-1 用营销效率调整营销剩余

	品牌 A	品牌 B
单位价格（p）	10.00 美元	20.00 美元
销售量（q）	10	10
单位营销成本（mc）	1.00 美元	11.00 美元
营销剩余（$p-mc$）×q	90.00 美元	90.00 美元
营销效率（$1-mc \times q/p \times q$）	90%	45%
品牌价值（通过营销效率调整营销剩余）	81.00 美元	40.50 美元

经营销效率调整后的营销剩余作为品牌资产

营销剩余和营销效率构成了品牌资产测量的基础。正如图 11-2 所示，品牌资产反映了营销效率（$1-\frac{mc_{jt}q_{jt}}{p_{jt}q_{jt}}$）加权后的营销剩余（$p_{jt}-mc_{jt}$）$q_{jt}$。因此，品牌资产可以用以下公式计算：$BE_t = (p_t - mc_t)q_t \left| 1 - \frac{mc_t q_t}{p_t q_t} \right|$

当一个品牌所花费的营销成本超过总收入（$mc>p$）时，品牌资产就变为负值。我们的测量假设品牌资产不能为负值或超过总收入。

关于营销成本的其他要点

正如之前提到的，我们并不关注所有的成本，仅关注营销成本。营销成本反映了一段时间内，整个交易过程（如购前、购买、使用和处置）中为创造、传播和传递品牌价值而花费的成本。我们建议用以下成本来定义营销成本：

- 原材料成本、开发产品功能的成本（研发费用的一部分）、开发产品设计成本（研发费用的一部分）。这些与产品相关的成本与顾客的感知价值高度相关，被认为是品牌选择的关键驱动力。例如，原材料（钢材或是塑料，天然的或非天然的，丝绸或是人造纤维，知识资本等）对顾客来说至关重要。

- 传播及市场调研成本。营销成本应当包括价值创造和传播活动成本（如广告、贸易展览、公关宣传、抽样、包装设计及产品设计等）及其他用以提高顾客品牌体验的活动的成本（如市场调研成本）。

- 消除交易障碍的成本。营销成本应该包括为消除交易障碍而设计的活动的成本。因此，在适当的时间和地点（如物流、分销成本、旗舰店设计）将品牌带给顾客的相关成本应当计入营销成本。

- 促进购买、占有、使用及处置的成本。营销成本应当包括促进品牌购买、占有、使用及处置（如果由公司负担）的成本。促进品牌购买、占有、使用及处置的成本应当包含个人推销、商品销售及品牌展示、担保、顾客服务的成本等。订单处理及加工成本（与购买阶段相关）、呼叫中心运营成本（与购前阶段相关）以及顾客服务中心运营成本和顾客支持与帮助成本（与售后阶段有关）都应包括在内。

如果生产方式（例如，手工制作）对顾客评价品牌有所贡献，相关成本也可包括进来。公司还可囊括其他成本。最为重要的是，品牌管理者们长期采取相同类型的营销成本，从而使该测量方法可以进行有效的比较。长期将纳入成本的因素保持一致，意味着该测量方法可以用于观测品牌的相对价值

（品牌与此前阶段相比的绩效，与竞争对手品牌和一般品牌等其他品牌相比的绩效）。广义上讲，如果我们仅包含营销相关成本（而非全部成本），我们在营销对品牌价值的贡献上会有更精确的评估。

品牌资产测量方法的吸引力

在本章引言部分，我们提出，一个理想的品牌资产测量方法应该：
- 有理论基础。
- 结果是简单的财务数据。
- 可信的。
- 直观的。
- 基于客观（而非主观）标准。
- 基于可获得的现成数据。
- 能够在一段时间内追踪品牌的健康并与竞争品牌相对比。
- 能够追踪公司品牌名称及其所包含的单个品牌。
- 计算时不需要一般或无名品牌作为参照。

我们所提出的测量方法因与这些标准符合而具备真正的吸引力。

理论背景

首先，我们的测量方法基于我们的品牌崇拜系统，它源于品牌如何为公司和顾客带来价值。通过价格、营销成本及销售量三个组成部分，它囊括了在顾客身上创造品牌崇拜的结果（如原谅意愿、投入意愿、溢价购买意愿等）。它也基于一个坚实的理论前提：具体而言，品牌资产是顾客对公司的资助（如顾客愿意支付的价格和愿意购买的数量）与公司为保证顾客资助而必须承担的投资（如向顾客营销的成本）之间的差额。

第 11 章　测量品牌资产

单一数据：可信、直观且基于客观和可得的数据

我们提出的测量方法基于可获取的数据（价格、营销成本及销售量），这些财务指标在直觉上应该被纳入品牌资产测量中。不同的人在品牌资产的财务评估中都会得出相同的结果，因为该测量方法的组成部分是客观决定的。有些测量方法包含了未来预期收入，而我们的测量方法并没有包括这一点。包含未来预期收入会使测量不够客观和可信，因为对未来收入的预期有可能包含了主观判断和不确定因素，而人们可能无法就此达成一致。在运用我们的方法时，可以在测量品牌资产之后考虑品牌未来价值。这些未来价值包括预测 t 时间点的品牌资产在未来可能是多少。但评估未来潜在价值并非测量本身的一部分。

品牌之间或同一品牌不同时间的可比性

我们的测量方法允许我们比较不同品牌的资产，或者比较同一品牌在不同时间点的资产。这些跨品牌和跨时间的比较包含很多有用的信息。例如，看看表 11–2A、表 11–2B 及表 11–2C 所示的 Cruise 和 Boom 两个品牌的内部财务数据。

表 11–2A 是 Cruise 的财务数据。基于表中的信息，很难看出该品牌的运营或价值方面是否存在问题（或机会）。事实上，该品牌在一段时间内收入和利润率的增加是一个好信号。该品牌的利润、投资回报率及营销成本在五年内都保持稳定。但其销售回报率的持续降低则令人不安，引起潜在的担忧。当我们将 Cruise 同另一个品牌 Boom 的财务数据（如表 11–2B 所示）相比较时，这些分析就会变得更为复杂。Boom 的收入增长率较高且利润保持稳定，这些情况同 Cruise 相似。但是，Boom 的投资回报率和销售回报率都持续下降。仅凭资产管理和营销绩效，很难判断哪个品牌更好。

表 11-2A 评估品牌资产及营销绩效：Cruise 品牌

Cruise					
总金额（千美元）	第一年	第二年	第三年	第四年	第五年
收入	1320	1385	1463	1557	1670
扣除营销成本前利润	198	208	219	234	251
营销成本	173	183	194	209	226
利润	25	25	25	25	25
利润率	15%	15%	15%	15%	15%
销售回报率	1.9%	1.8%	1.7%	1.6%	1.5%
年收入增长率	—	5%	6%	6%	7%
投入资本	500	501	503	505	507
投资回报率	5.0%	5.0%	5.0%	5.0%	4.9%

表 11-2B 评估品牌资产及营销绩效：Boom 品牌

Boom					
总金额（千美元）	第一年	第二年	第三年	第四年	第五年
收入	833	1167	1700	2553	3919
扣除营销成本前利润	125	175	255	383	588
营销成本	100	150	230	358	563
利润	25	25	25	25	25
利润率	15%	15%	15%	15%	15%
销售回报率	3%	2.1%	1.5%	1.0%	0.6%
年收入增长率	—	40%	46%	50%	53%
投入资本	500	520	552	603	685
投资回报率	5.0%	4.8%	4.8%	4.1%	3.6%

表 11-2C 评估品牌价值和营销绩效：Cruise 对比 Boom

	Cruise					Boom				
	第一年	第二年	第三年	第四年	第五年	第一年	第二年	第三年	第四年	第五年
总收入（千美元）	1320	1385	1463	1557	1670	833	1167	1700	2553	3919
总营销成本（千美元）	173	183	194	209	226	100	150	230	358	563
营销剩余（千美元）	1147	1202	1269	1348	1444	733	1017	1470	2195	3356
营销效率	86.9%	86.8%	86.7%	86.6%	86.5%	88.0%	87.1%	86.5%	86.0%	85.6%
品牌资产（千美元）	997	1043	1101	1167	1249	645	886	1271	1887	2874

通过考量营销剩余、营销效率及品牌资产指标，更容易了解哪个品牌经营得更好，如表11-2C所示，结果显而易见。这两个品牌在营销效率上相同，但是Boom的营销剩余更高，因此其品牌资产更高（在第五年末，其品牌资产是Cruise的两倍以上）。此外，根据品牌资产随时间推移的变化可知，Boom的品牌管理者比Cruise的品牌管理者工作更加出色。在五年时间内品牌资产的增长说明Boom比Cruise具有更大的潜力。

在一段时间内通过同样的客观指标追踪品牌资产具有额外的优势。

减少潜在操纵

没有一种测量方法能够避免错误使用或不良操纵，我们的方法也不例外。例如品牌管理者们可能试图通过减少营销成本以在短期内增加品牌资产。此外，他们还可能运用激进的短期促销，以创造短期收入增长。但是这些策略都以牺牲长期品牌资产为代价。如果品牌资产基于长期进行衡量，短期效应被分离出去，将可以最大限度地减少这种企图。跨年限比较可以使操纵测量结果的企图最小化。为了防止短期导向，公司可以每个年度评估品牌资产，而在更长的时间段（如超过三年）评估品牌管理者的绩效。

滞后效应

我们的测量方法没有考虑营销投入（成本）和收入回报之间的时间滞差。这有以下几个原因：首先，恰当的时间滞差取决于营销投入的类型（如广告、包装设计、促销等）。由于不同类型的营销投入有不同的回收期，需要根据营销投入类型来具体确定时间滞差的长短。鉴于时间滞差受到营销投入类型及投入效果的影响，评估一段时间滞后效应的大小同样是一个挑战。滞后效应也可能取决于随时改变的市场和竞争因素。我们可以运用一年期和三年期的时间跨度来测量品牌资产，通过足够长的时间跨度来抵消短期和中期的滞后效应。

其他调整

尽管我们的测量方法满足很多重要标准,但是仍然可能会存在一些公司希望基于市场变化对测量方法进行调整的情形。例如,当全行业需求增加时,管理者们可以根据行业需求增加来调整品牌资产。

加总公司内部品牌的潜能

我们的测量方法的另一个好处是,管理者可以在公司各个层级评估公司资产:产品线、产品、带有品牌延伸的品牌产品、业务单元以及整个公司。例如,宝马公司摩托车的资产及其 M 系汽车的资产已被分别测量,因为它们影响品牌资产的方式有所不同(市场和公司相关资源投入侧重点的不同等)。但是,通过加总带有宝马商标的一系列品牌,我们可以计算宝马品牌的资产。

我们可以通过两种方式测量更高层级的品牌资产总和。一种是基于总收入和总营销成本来测量公司品牌(如高盛)的品牌资产。在此,品牌资产并不是单个品牌资产相加的总和,而是整个公司的品牌资产。这种方法可能更为恰当,因为尽管我们品牌资产测量中的营销剩余可以从单一品牌加总到一条完整的产品线(如一条产品线的营销剩余是每一种产品营销剩余的总和),但营销效率乘数不能如此轻易地进行加总。

另一种不同的方法是将公司每一个产品品牌的营销剩余与该产品营销效率的平均权重相乘。公司品牌的营销效率是所有单个产品营销效率的加权平均数,每一个产品所用的权重则是其在整个公司中所占有的市场份额。

在公司层级上测量品牌资产可以帮助一个集团公司评估其子公司使用其品牌名称的特许权使用费。例如,许多集团公司(如通用电气、索尼、联合利华、雀巢、日立等)都有使用其名称的子公司。由于每个子公司的品牌资产都直接或间接地影响集团公司的品牌资产,集团公司应当确保子公司尽其所能提升其品牌资产。集团公司可以设置补偿系统（如特许权使用费）来奖励提升品牌资产的单个子公司的首席执行官。

无须参照品牌

有些人将品牌资产定义为品牌名称相对于一个参照品牌（如一个无名或一般的品牌）的价值。例如，联合分析法会就一个除了名称所有特征都相同的品牌，以及一个包括名称在内所有特征都相同的品牌，询问顾客对品牌的偏好。事实上，我们这种不包括参照品牌的测量方法具有一些重要的优点。

首先，对一些品牌来说，很难甚至不可能用一个虚构或一般的品牌名称作为可靠的参照品牌。这个问题在服务、地点、国家、组织及运动品牌（比如，纽约城、硅谷、世界卫生组织、联合国或者日本）上尤为明显。它们并不具有能与其名称相分离的参照物。第二，收集参照品牌的数据是一项繁重的任务，特别是当品牌资产的测量跨越不同时间段并与参照品牌相比较时。第三，将某一品牌与除了名称其他特征均一致的虚构品牌进行比较，假定了品牌价值完全依赖于名称。但是品牌对于顾客的价值不仅在于名称。例如，安吉丽娜·朱莉（Angelina Jolie）的品牌资产并不仅仅在于她的名称，还在于她美丽的外表（安吉丽娜·朱莉的美貌应当被视为其品牌资产的一部分）。最后，基于参照品牌的测量方法在可靠性上存在一个问题，因为它依赖于接受参照品牌测量的被试样本（如青少年或二十多岁的人群、乡村人群或城市人群等），他们对资产的理解并不一致。

我们的测量方法无须一般的或无名的参照品牌。这种测量方法更容易收集数据、客观且带来单一的财务数字结果。运用这种测量方法，公司可以评估其企业品牌和产品品牌在某个时间点、某段时间内或相对于竞争者的价值。

关键知识点

1. 品牌资产的财务指标应当考虑到品牌如何为公司及其顾客创造价值。

2. 品牌资产是顾客对公司的资助（如顾客愿意支付的价格）与品牌所有者为保持顾客资助所承担的投资（如向顾客营销的成本）的差额。

3. 单价、单位营销成本及销售量这三个变量，在计算品牌资产时是非常重要的要素。

4. 上述三个变量组成了品牌资产两个至关重要的部分：营销剩余和营销效率。

5. 营销剩余反映未经调整评估的品牌财务价值大小，计算公式为：$(p_{jt}-mc_{jt})q_{jt}$。当顾客愿意支付的价格高于品牌产品的营销成本，其价值就是正的。销售量越大，价值就越高。

6. 营销效率反映了公司获取营销剩余的效率。它的计算公式为：$(1-\frac{mc_{jt}q_{jt}}{p_{jt}q_{jt}})$。

7. 品牌资产通过营销效率加权得到的营销剩余进行测量。

8. 本章阐述的测量方法有独特的优势。它使用的信息对营销管理者来说容易获取、不需要使用参照品牌，并且能够将品牌的表现与其他品牌或与品牌自身不同时间的表现进行比较。

9. 我们可以在公司不同分析层级上对其品牌资产进行测量（在品牌层面或公司整体层面）。

10. 我们的测量方法可以根据管理者管理品牌资产的表现来评估管理者。

11. 人们可以根据需要增加额外的信息（如全行业需求、滞后效应和预期未来收入），但是这些额外信息应被看作对品牌资产测量的调整，而非该测量方法所固有的。

你的品牌如何？

1. 根据营销剩余和营销效率两个组成部分，你的品牌资产是多少？在一段时间内你的品牌资产如何随时间变化？

2. 和竞争者相比，你的品牌资产如何？经过一段时间，是什么造成你的品牌和竞争品牌之间产生绩效差异？

3. 考量你的公司品牌组合中的所有品牌，哪些品牌从品牌资产的角度看是较为成功的？根据以上分析，你将会对你的品牌架构做出哪些改变？

第 12 章
品牌崇拜仪表盘

品牌的健康和人类的健康是相似的,我们切不可以把它视为理所当然。也许它就是我们拥有的最珍贵的东西。

引言

如今,苹果公司是全球最负盛名和最具价值的品牌之一。不过它有可能已经过了巅峰期。更糟糕的是,品牌管理者甚至没有注意到苹果品牌的健康可能存在风险。如果苹果公司已经过了巅峰期,这不大可能是由于缺乏数据而导致的。苹果公司的品牌管理者很清楚苹果公司产品的销售量、收入、成本、利润等精确数据。即使不是每天,他们每周也会查看一次这些数据。但是,他们是否透彻了解这些数字的驱动因素是什么和下一步应该做什么?他们是否收集诊断性数据以了解苹果公司的财务业绩为何下滑?如果有的话,如何阻止下滑?阻止下滑的努力是否足够,还是顾客会认为这些努力毫无帮助且为时已晚？

营销领域不缺乏营销测量指标，现存的指标数以百计。实际上，管理者们非常容易进入一种无力分析的状态：拥有海量数据却不太清楚如何处理这些数据。更为复杂的问题是，很多测量指标与驱动品牌成功的更为广泛的总体框架相脱节。孤立地看一个特定的指标（如净推荐值或者社交媒体的"赞"），不能深入洞察品牌如何到达目前所处的位置，也不会清楚下一步应该如何提升。问题不是缺乏测量，而是缺乏对以下问题的洞察：（1）使用哪一些测量指标；（2）随着时间的推移如何组合使用它们，以形成对品牌健康的可靠描绘；（3）当品牌出现衰退趋势时下一步应该做什么。我们会在这一章解决这些问题。

概述

我们在序言部分提到，本书的独特之处在于以整合的视角探索如何建立、强化和延用品牌崇拜，为顾客和公司提供价值。根据我们的框架，品牌的最终目的是品牌资产（如第 11 章所述）。品牌健康的财务测量对首席营销官、首席执行官、首席财务官来说至关重要，它确实为最高管理层分析了品牌对组织的财务价值。但是，品牌资产是对以前执行的所有品牌决策的结果的衡量。品牌资产描述了品牌目前的运营状况（以货币的形式），但是它不能解释品牌资产为何高于或低于预期，以及根据品牌目前的资产水平，管理者应该如何应对。

为了达到上述程度的理解，我们需要评估品牌资产的驱动因素，特别是图 12-1 所示的非财务因素。这些指标包括赋能、赋情和赋意三类利益的测量，品牌信任、挚爱和尊重（以及心智、情感和精神的份额），品牌崇拜以及品牌忠诚和拥护行为。这些测量体现了顾客如何考虑他们与品牌的关系。

第12章 品牌崇拜仪表盘

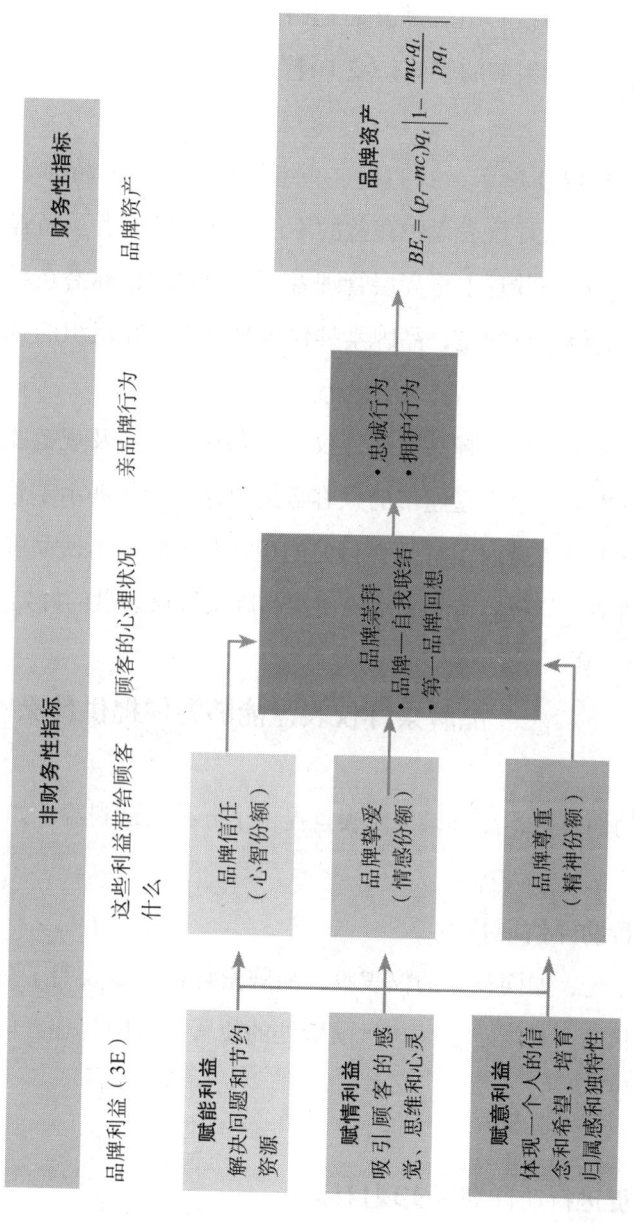

图12-1 构成品牌崇拜仪表盘的指标

品牌管理者当然也可以增加其他指标。然而，我们相信这些指标是一个品牌崇拜仪表盘的核心组成部分，它们可以帮助品牌管理者和组织内其他成员：（1）评估品牌当前的绩效；（2）评估绩效的驱动因素；（3）评估下一步应该采取的行动。

如图12-1所示，我们将这一组指标体系称为品牌崇拜仪表盘。我们认为，从品牌崇拜仪表盘中获益的不仅是品牌管理者。品牌崇拜仪表盘的使用范围贯穿组织并且上至高层管理者，因为它的指标潜在影响着品牌如何向前发展。值得注意的是，品牌崇拜仪表盘可以用在组织的各个层级，如产品层级、业务单元层级、公司层级等。

为了更好地解释品牌崇拜仪表盘和它的诊断及规范能力，我们的阐述基于所收集的一家大型超市的顾客数据。这个示例展示了管理者如何使用品牌崇拜仪表盘，进而了解品牌目前的运营状况并推出使品牌保持成功和进一步提升的举措。我们首先来阐明使用品牌崇拜仪表盘的好处。

品牌崇拜仪表盘能够为你提供什么？

简而言之，品牌崇拜仪表盘提供了五种关键利益（如表12-1所示）。

帮助评估现状

首先，如同汽车的仪表盘，品牌崇拜仪表盘表明了在某个特定时间点品牌的状态。它指示了品牌目前所处的位置，帮助管理者们了解这个品牌正在发生什么。

促进行动计划以实现目标

品牌崇拜仪表盘还会对管理者决定下一步需要做什么以强化品牌崇拜提

表 12-1　一个好的品牌崇拜仪表盘应该做的与不应该做的

品牌崇拜仪表盘利益	好的品牌崇拜仪表盘……	品牌管理者应该……	品牌管理者不应该……
评估现状	评估品牌目前所处的位置	开发一个符合品牌战略目标的品牌崇拜仪表盘	测量指标与品牌战略和强化品牌崇拜脱节
促进行动计划	帮助品牌管理者决策下一步要做什么	检查品牌崇拜仪表盘的结果以计划未来的行动	忽视品牌目标，没有分析与目标相关的数据，或者未能利用品牌崇拜仪表盘来计划未来的行动
追踪目标的进展	查看特定目标的进度	保证数据在本质上尽可能实时	不定期地或不一致地收集品牌崇拜仪表盘的数据
强化行动或绩效的责任	让员工对目标的进展负责	分析数据使对战略目标的责任和贡献能够被追踪	只依赖于财务指标测量责任，非财务指标可以提供更多的诊断信息
强化知识共享	促进组织内部知识共享和交流	创造介入品牌的财务绩效和非财务绩效	让负责品牌的员工难以接触到数据

供帮助。你是否经常会获得一些无法为下一步措施提供线索的品牌数据？缺乏计划或者一些简单的指引，品牌的健康就不能得到改善。这些指标针对如何提高品牌价值提供了重要的指引。

追踪目标的进展

品牌崇拜仪表盘使品牌管理者能够实时地追踪目标的进展。假设你希望提升顾客对你的品牌所带来的赋能利益的感知。你进行了产品改进、培训销售人员阐述这些新的赋能利益，而且在营销传播中投入大量的资金来宣传这些想法。一年之后，你发现顾客并没有真正看到品牌比以前更好。你难道不希望早一点知道在营销上的努力是无效的？通过以一致的方式收集实时的数据，我们可以确定我们正在朝着目标前进，并且我们的营销投入会得到回报。

强化行动或绩效的责任

行动责任是影响公司内部的营销效果的一个重要因素，一个有效的品牌崇拜仪表盘强调实现战略目标的责任。品牌崇拜仪表盘可以绑定那些负责建立、强化和延用品牌崇拜的员工的绩效目标，这样就明确了员工要努力达到什么。它可以激励他们为目标而奋斗，因为他们认为自身负有实现目标的责任。同时，这些信息也为所有参与品牌工作的员工设立了共同奋斗的目标。这使所有人更可能意见一致，并确保组织的所有"船桨"划向同一个方向。品牌崇拜仪表盘还可以将责任落实到部门。例如，通过比较各地区分支机构的品牌崇拜仪表盘结果，可以了解哪些地区的投资已得到回报以及哪些地区在未来需要投资。

强化知识共享

组织应该将品牌崇拜仪表盘的调查结果在组织里共享，以实现品牌崇拜仪表盘实用性的最大化。保持员工随时知情并且授权给他们去实现品牌的战略目标非常重要，尤其当这些个体代表品牌面对顾客和经常向外界传递品牌承诺的时候（如第 4 章所述）。让员工参与并且给他们提供品牌崇拜仪表盘的信息也给予员工以品牌成功为豪的主人翁意识和为品牌利益而行动的紧迫感。

实现了表 12-1 中效果的品牌崇拜仪表盘，可以提高品牌在市场上成功的可能性、在公司内部营销的可信度以及品牌在股票市场的表现。它可以为品牌管理者提供关于品牌发展的概览，帮助品牌管理者争取宝贵的时间，让他们可以指导品牌走向正确的方向或者在造成财务损失之前扭转局势。它给予员工有用的信息并指导他们向更好的方向行动。最后，它帮助高层管理者评估品牌投资的方向，并从财务和非财务的角度分析对品牌的这些投资是否得到了回报。很多品牌崇拜仪表盘的非财务指标体现了品牌的无形价值，即那些未被纳入会计核算的品牌价值。

品牌崇拜仪表盘：一个示例说明

为了具体讨论品牌崇拜仪表盘，我们利用英国某大型超市品牌的顾客数据作为说明性的示例。我们的目标是表明，即使一个小规模的调查也可以提供有助于品牌制定未来举措的相关诊断。小规模的数据收集工作可以扩展为大规模的数据收集（针对顾客和员工的线上调查、线下调查、座谈小组等）。

样本和测量

我们首先选取了部分至少在超市购买过一次商品的消费者作为座谈小组的访谈对象。座谈小组的成员是曾在这家门店购物的全体顾客的代表样本。我们询问了座谈小组成员一组问题，这些问题和图12-1中品牌崇拜框架的每个组成部分紧密相关（我们在第3章曾经向读者提到这些组成部分的定义和具体示例）。本章附录列出了我们提问的问题。我们的一些测量采用9点李克特量表，一些则采用百分制。为了使测量结果具有可比性，我们将9点李克特量表的项目（1=完全不，9=非常多）转化为百分制。比如，9点李克特量表的9分转化为百分制中的100分。通过这种方式，使所有的指标都是同样的百分制。我们采用两种方式测量品牌信任、品牌挚爱和品牌尊重。一种是测量这些概念的绝对水平，另外一种是测量相对于竞争品牌而言顾客信任、挚爱和尊重品牌的程度。因为这些测量是相对于竞争者评估的，所以我们把这些叫作份额测量（如附录所示）。

构成品牌崇拜仪表盘的测量量表都是可靠的，而且具有良好的表面效度，意味着这些测量可以直接契合品牌崇拜模型的组成部分（正如我们此后所要讨论的）。品牌管理者可以增加额外的（具体的）测项，或者基于品牌修改问题中某些测项的措辞。因此，我们使用的测量应该被看作举例说明而不是确定不变的。也就是说，我们过去的研究已经利用这些指标对我们的品牌崇拜模型进行了实证检验，并且这些指标已经被用于不同品牌、不同国家、不同行业和不同顾客。在此我们想说明，即使小规模调查也能揭示品牌面临的相关问题。

分析品牌崇拜仪表盘的调查结果

我们使用结构方程模型分析所收集的数据。结构方程模型是一个帮助我们了解如图 12-1 所示的测量变量之间关系强度的统计方法。这个方法和回归分析有些类似，但模型里的所有变量都在分析中被同时考虑。品牌管理者对品牌崇拜仪表盘的指标进行解释之前，首先要检验涵盖仪表盘指标的模型的总体拟合优度。模型与数据拟合的效果越好，我们就对结果越有信心。这个模型对品牌崇拜仪表盘的数据（图 12-1）具有良好的拟合度，恰当地表现了赋能、赋情和赋意利益如何带来品牌忠诚和拥护行为。图 12-1 中的模型具有令人满意的拟合度，因此我们有信心继续进行分析并诊断食品超市品牌。

评估品牌现状：品牌目前所处的位置

我们首先聚焦品牌崇拜仪表盘上的数据如何帮助公司评估品牌的现状，即表 12-1 所示品牌崇拜仪表盘的第一个目标。

品牌忠诚和拥护行为

表 12-2 展示了被测的超市品牌在顾客对品牌忠诚行为的意愿上的得分为 41.44（总分为 100）。因为分值的理论范围为 0—100，所以这个分值说明了这个品牌在建立品牌忠诚方面还有很大的提升空间。而品牌拥护行为的得

表 12-2 品牌崇拜、品牌忠诚和品牌拥护行为的得分：超市品牌

食品超市品牌数据	绝对得分	对品牌忠诚行为的贡献 B；（p）	对品牌拥护行为的贡献 B；（p）
品牌崇拜	45.72	0.90；（0.001）	0.91；（0.001）
品牌—自我联结	43.33	0.84；（0.001）	0.85；（0.001）
第一品牌回想	46.89	0.59；（0.001）	0.57；（0.001）
品牌忠诚行为	41.44		
品牌拥护行为	29.33		

注：B= 关系强度；–1.00 表示变量之间完全负相关（X 越大，Y 越小）；0 表示变量之间不相关；1.00 表示变量之间完全正相关（X 越大，Y 越大）。

p= 关系显著性；p 值＜0.05 表示变量之间的关系在统计上的显著性。

分为 29.33（总分为 100），所以这个品牌的确需要努力提升顾客参与品牌拥护行为的意愿。表 12-2 也表明品牌在仪表盘其他指标上的表现只是中等水平。这些分值的背后是什么？这个品牌应该如何提高这些分值呢？

品牌崇拜：品牌—自我联结和第一品牌回想

表 12-2 还展示了品牌崇拜和它的两个组成部分（品牌—自我联结和第一品牌回想）如何预测忠诚和拥护行为。预测值取值范围在 0 到 1.00 之间，0 表示组成部分和结果之间没有关系，1.00 表示组成部分完美地预测了相关的顾客行为。预测数值越大（越接近 1.00），这个因素对这些行为的预测性就越强。我们可以看出品牌崇拜与品牌忠诚（预测值为 0.90，接近 1.00）和品牌拥护行为（预测值为 0.91，同样非常接近 1.00）有强烈的关系。这些信息验证了我们的模型，表明人们对某个品牌越崇拜，对这个品牌就会越忠诚和越愿意拥护品牌。

当我们进一步挖掘数据的时候，我们发现这个品牌的品牌崇拜（得分为 45.72，总分为 100）以及它的组成部分品牌—自我联结（得分为 43.33，总

分为 100）和第一品牌回想（得分为 46.89，总分为 100）的表现都是平庸的。而且我们看出品牌—自我联结对参与品牌忠诚行为（预测值为 0.84，最大值为 1.00）和品牌拥护行为（预测值为 0.85，最大值为 1.00）的意愿有强烈的影响。品牌—自我联结的影响高于第一品牌回想对品牌忠诚（0.59）和拥护行为（0.57）的影响。事实上，不仅仅品牌崇拜，它的组成部分（品牌—自我联结和第一品牌回想）对品牌忠诚和拥护行为的影响都证实了我们的想法。与第一品牌回想相比，品牌—自我联结对品牌忠诚和拥护行为的影响更强烈，意味着超市品牌如果投资培育品牌—自我联结而不是第一品牌回想，可能会获得更大的成功。顾客可能对门店是熟悉的。所以，在加强品牌—自我联结方面进行投资比在建立第一品牌回想方面进行投资效果更好。

为什么该品牌在品牌崇拜和它的组成部分（品牌—自我联结和第一品牌回想）没有获得更高的得分？该超市品牌下一步该如何提高这些关键的指标？这就需要我们检验品牌获取顾客的品牌信任、挚爱和尊重的能力，因为这三个变量共同决定了品牌崇拜的组成部分和它们的强度。

品牌崇拜：品牌挚爱、品牌信任、品牌尊重

表 12-3 表明了品牌在挚爱、信任和尊重（即品牌崇拜的关键驱动因素及其组成部分）方面的得分表现。第一列数据说明了这个品牌在品牌挚爱（得分为 65.44）上的表现相对出色，但是在品牌信任（得分为 42.56）和品牌尊重（得分为 41.66）上的表现就没有那么好。然而，第二列数据表明了品牌崇拜最强的预测变量是品牌尊重（0.86），其次为品牌信任（0.25）。品牌挚爱（预测值为 0.15，最大值为 1.00）对品牌崇拜的影响是相对较弱的。这意味着公司在品牌崇拜（和品牌—自我联结）最重要的驱动因素（即品牌尊重）上表现最弱。为什么会这样？

表 12-3 赋能、赋情和赋意利益，挚爱、信任和尊重的得分：超市品牌

食品超市品牌数据	绝对得分	对品牌崇拜的贡献 B；(p)	对品牌—自我联结的贡献 B；(p)	对第一品牌回想的贡献 B；(p)
赋情利益	63.67	0.27（0.01）	0.41（0.001）	0.62（0.001）
提供令人满意的感官体验	68.33	0.24（0.01）	0.38（0.001）	0.57（0.001）
提供温暖人心的利益	59.00	0.28（0.001）	0.41（0.001）	0.60（0.001）
赋能利益	56.26	0.26（0.01）	0.36（0.001）	0.67（0.001）
解决顾客问题/保证顾客安全	53.11	0.26（0.01）	0.35（0.001）	0.68（0.001）
节约顾客资源	58.56	0.24（0.01）	0.32（0.001）	0.62（0.001）
赋意利益	48.11	0.72（0.001）	0.82（0.001）	0.70（0.001）
体现个人信念和希望	46.66	0.72（0.001）	0.84（0.001）	0.70（0.001）
培育归属感和独特性	49.56	0.68（0.001）	0.78（0.001）	0.69（0.001）
品牌挚爱	65.44	0.15（0.05）	0.23（0.01）	0.56（0.001）
品牌信任	42.56	0.25（0.001）	0.34（0.001）	0.74（0.001）
品牌尊重	41.66	0.86（0.001）	0.93（0.001）	0.71（0.001）

赋能、赋情和赋意利益

通过观察赋能、赋情和赋意利益，我们看出这个品牌在提供赋情利益（得分为63.67，总分为100）上的表现比赋能利益（得分为56.26，总分为100）和赋意利益（得分为48.11，总分为100）更好。但是，赋意利益对品牌崇拜（0.72）、品牌—自我联结（0.82）和第一品牌回想（0.70）的贡献更

大，高于赋情利益或者赋能利益产生的影响（对于品牌崇拜、品牌—自我联结和第一品牌回想，赋情利益的分值分别为 0.27、0.41 和 0.62，赋能利益的分值分别为 0.26、0.36 和 0.67）。

言外之意显而易见，如果公司能够聚焦于更好地提供赋意利益，那么会给品牌崇拜、品牌忠诚和品牌拥护行为带来最大的变化。

让我们拉近镜头，仔细看看表 12-3 中隶属赋能、赋情和赋意的二级利益。我们发现，体现个人信念和希望的利益（在品牌崇拜、品牌—自我联结和第一品牌回想上的分值分别为 0.72、0.84 和 0.70）以及培育归属感和独特性的利益（在品牌崇拜、品牌—自我联结和第一品牌回想上的分值分别为 0.68、0.78 和 0.69）都与品牌崇拜和它的组成部分有很强烈的联系。但是该品牌在这些利益上的表现在绝对意义上不仅算不上中等，甚至低于该品牌在赋情利益和赋能利益上的表现。显然，致力于强化赋意利益是当务之急。

品牌情感份额、心智份额和精神份额

通过分析顾客相对于其他超市品牌而言挚爱、信任和尊重该超市品牌的程度，我们也可以深入洞察该品牌。为此我们使用挚爱、信任和尊重的份额测量，如表 12-4 所示。我们可以看到情感份额（与挚爱相关）的得分只有 55.84（总分为 100），说明几乎有一半顾客的挚爱是针对竞争品牌的。品牌的心智份额（与信任相关）和精神份额（与尊重相关）的得分更加糟糕。如表 12-4 所示，在该品类的所有品牌中，顾客仅有 1/3 的信任（32.58）和尊重（36.37）是针对被测的超市品牌，其余的都是针对竞争品牌。尊重份额的得分尤其糟糕，因为表 12-4 表明精神份额是对品牌崇拜最强的预测因素（0.90），尤其是对品牌崇拜的品牌—自我联结组成部分而言（0.96）。

表 12-4　情感份额、心智份额和精神份额的得分：超市品牌

食品超市 品牌数据	绝对得分	对品牌崇拜的贡献 B；(p)	对品牌—自我联结的贡献 B；(p)	对第一品牌回想的贡献 B；(p)
情感份额	55.84	0.16 (0.05)	0.19 (0.05)	0.55 (0.001)
心智份额	32.58	0.26 (0.01)	0.35 (0.001)	0.77 (0.001)
精神份额	36.37	0.90 (0.001)	0.96 (0.001)	0.72 (0.001)

促进行动计划：品牌下一步如何聚焦实现目标？

我们已经了解了品牌的状态，下一步我们探讨品牌管理者和其他组织成员如何利用这些指标来发现品牌表现不佳的潜在原因，以及制定下一步的举措（如表 12-1 所示）。

简而言之，品牌的第一品牌回想，即品牌崇拜的一个组成部分，表现相对较好。这个结果并不令人意外，因为这个品牌为了维持强烈的第一品牌回想在广告和促销活动中花费了不少资金。但是，这个品牌必须将更多的精力放在培育品牌—自我联结即品牌崇拜的另外一个组成部分上。最具战略性的举措是聚焦于：(1) 增进赋意利益来建立品牌尊重；(2) 增进赋能利益来建立品牌信任；(3) 增进赋情利益来建立品牌挚爱。具体如何实施呢？本着纯粹举例说明的目的，一些可行的建议如下。

赋意利益的建议

首先，品牌管理者和其他相关成员可以考虑如何增进赋意利益。这个品牌有忠诚会员卡，可能产生一定影响，比如让忠诚用户感觉自己是特别顾客。同时，这个品牌可以督促顾客成为更好的公民，鼓励捐助食物或宣传对当地农民的支持。他们可以给顾客提供机会，让顾客参与当地社区事务（如扶贫、维护当地社区治安等）。超市可以组建由有相似饮食偏好或者饮食节

制的人组成的联盟（如亚洲烹饪、无麸质饮食和减肥饮食爱好者），成员可以提供食谱、发表品牌评论或者提供其他类型的支持。品牌在营销传播中可以强调品牌对慈善事业的贡献以及对环境或人们生活改善的影响。门店内、购物车、门店墙壁上和出口处都可以张贴有关健康的饮食和生活方式的励志短语。

赋能利益的建议

价格战帮助顾客节约资源，但是赋能利益的真正驱动力是品牌解决顾客问题和让他们感到安全的能力。一种选择是提供一系列有机产品，并清晰地贴上保证这个品牌所销售的食品的质量和安全性的标签，再搭配一些关于农民和生产者的简短的背景故事。停车场可以更明亮一些，收银服务可以更有效率一些，还有网上订购要保证信用卡数据的安全。另外，可以根据员工、品牌管理者和顾客的意见组织一些重要和相关的营销活动。

赋情利益的建议

为了加强温暖人心的利益，门店可以开展员工培训来促进更愉悦的顾客互动。门店的设计、墙上的装饰、温馨的图片和员工真诚的微笑都可以强化对顾客的暖心利益。收银员可以利用会员卡的信息称呼顾客的名字，这会使购物体验更加个性化。超市的特殊区域（如烘焙区）可以通过某种方式营造出怀旧的氛围（比如，祖母过去常做的饼干），烤面包或烤饼干的香味可以增加这片区域的感官魅力。

考虑一致性和互补性原则，通过上述的诸多小事的积累，经过一段时间后，这个食品超市品牌必然会在品牌崇拜提升方面取得巨大进步。

还有什么需要做的？

品牌崇拜仪表盘的数据还可以用于表12-1所示的其他目的。

追踪进度，加强绩效问责和内部知识共享

为了追踪进度，品牌崇拜的评估应该持续地进行。当品牌绩效的某项特定指标偏离了既定目标，线上的仪表盘就会发出警报。这些数据有助于管理者了解需要在哪些地方追加额外的工作和下一步需要聚焦于品牌赋能、赋情和赋意利益中的哪一个。追踪过程也让管理者知道，到目前为止的投资是否得到了回报。为了创造紧迫感和主人翁意识，仪表盘数据应该定期分享。当到达一个里程碑的时候，庆祝活动有助于提高公司内员工和团队的成就感，升华他们之间的友情。

与此前年份和竞争者的绩效比较

当公司定期收集品牌崇拜仪表盘数据的时候，就可以随时将品牌的现状和此前的状态进行比较。随着时间推移，持续的比较可以表明情况是在改善还是在恶化，从而判断是否需要改变重点和需要做哪些调整。除了直接竞争者的品牌之外（其他食品超市品牌），其他竞争者的品牌（如亚马逊、快餐配送、连锁餐厅）也可以被纳入仪表盘评估当中。潜在竞争者品牌的数据可以作为表12-2至表12-4中数据的补充。

关键知识点

1. 有效的品牌崇拜仪表盘有助于品牌管理者、员工和首席执行官评估品牌的现状和绩效，制订达到战略目标的行动计划和追踪既定目标的进展。

2. 应该定期收集品牌崇拜仪表盘的数据，增强品牌团队成员对实现品牌战略目标的责任感。

3. 品牌崇拜仪表盘必须是易于获得而且可以在组织里共享的。必须随着时间的推移对品牌崇拜仪表盘进行评估，这样可以确保品牌与顾客保持联系。

4. 品牌崇拜（以及品牌—自我联结和第一品牌回想）驱动品牌忠诚和品牌拥护行为。品牌崇拜背后主要的驱动因素是品牌挚爱、品牌信任和品牌尊重，品牌挚爱、品牌信任和品牌尊重背后的驱动因素是赋能、赋情和赋意利益。每种要素都需要加入品牌崇拜仪表盘中。

5. 赋情利益：（1）愉悦思维和感官；（2）温暖人心。

6. 赋能利益：（1）解决顾客的问题并保证他们的安全；（2）节约顾客有限的资源。

7. 赋意利益：（1）体现顾客的信念和希望；（2）培育归属感和独特性。

8. 当品牌挚爱、品牌信任和品牌尊重可以在绝对意义上描述顾客挚爱、信任和尊重某个品牌的程度时，品牌的情感份额、心智份额和精神份额仪表盘可以提供重要的信息，了解挚爱、信任和尊重在仅限于某个品牌或者分散到不同竞争品牌时达到的程度。

你的品牌如何？

1. 你在多大程度上利用非财务指标评估品牌健康？这些非财务指标和品牌崇拜框架的总体整合模型之间是否存在联系？你是否已经开始思考如何有效利用品牌崇拜仪表盘数据评估品牌现状并促进行动计划有效达到预期目标？

2. 你在何种程度上与组织的员工和团队分享品牌崇拜仪表盘数据？如何利用品牌崇拜仪表盘的调查结果创造主人翁意识和紧迫感？

3. 你是否已经开始获取品牌忠诚和品牌拥护行为？

4. 你的品牌受崇拜的程度如何？

5. 你的品牌建立了多大程度的强烈品牌—自我联结和获得了多大程度的第一品牌回想？

6. 你是否检验了你的品牌在赋能利益、赋情利益、赋意利益、品牌挚爱（情感份额）、心智信任（思维份额）和品牌尊重（精神份额）上的表现有多么优秀或多么糟糕，以帮助你更好地理解品牌下一步的改进方向？你如何去探索这些？

7. 你的品牌的哪一种利益做得比较好？你可以如何进一步强化它？你的品牌的哪一种利益最需要改善？

附录

测量示例

- 考虑 X 品牌，然后指出它为您提供下列利益的程度。X 品牌的利益如下……

赋情利益	完全不		完全
提供令人满意的感官体验 唤醒愉悦的视觉、听觉、味觉、触觉和/或嗅觉体验， 满足我的视觉、听觉、味觉、触觉和/或嗅觉需要， 是有趣的视觉、听觉、味觉、触觉、嗅觉、体验或消费	1 2 3	4 5 6	7 8 9
提供温暖人心的利益 感到温馨，使我觉得感激，触及内心情感	1 2 3	4 5 6	7 8 9
赋能利益			
解决顾客的问题/保证顾客安全 让我觉得安全，使我感到安全，使我感到受保护	1 2 3	4 5 6	7 8 9
节约顾客资源 使我的生活变得轻松，不费时间地满足我的需要，有助于管理我的生活并免除不少麻烦，有助于节约钱或者少花钱	1 2 3	4 5 6	7 8 9

（续表）

赋意利益									
体现个人信念和希望 有助于我真正地欣赏自己的传承和我是谁，有助于我理解我是谁和我来自哪里，表达我的个性	1	2	3	4	5	6	7	8	9
培育归属感和独特性 有助于我和他人建立联系，有助于我成为紧密团结的队伍中的一员，加强我和亲近的人的联系	1	2	3	4	5	6	7	8	9

- 针对 X 品牌，您多大程度上同意以下的表述……

品牌挚爱	完全不							完全	
我对这个品牌非常有感情，我非常热爱这个品牌，这个品牌带给我温暖的感觉	1	2	3	4	5	6	7	8	9

品牌信任									
我非常相信这个品牌，我对这个品牌非常有信心，这个品牌是值得信任的，这个品牌关注顾客的幸福，这个品牌一直提供高质量的产品和服务	1	2	3	4	5	6	7	8	9

品牌尊重									
我非常尊重这个品牌，我对这个品牌非常敬重	1	2	3	4	5	6	7	8	9

情感份额 / 心智份额 / 精神份额

假设您有 100 分可以分配给某个特定的品牌（X）和其他所有您认为与 X 存在竞争的品牌

您拥有 100 分可以分配给 X 品牌或者其他竞争品牌。例如，如果您认为 X 品牌与另外四个品牌竞争，而且您对这些品牌的挚爱（信任 / 尊重）的程度相同，那么 X 品牌获得 20 分，其他品牌获得 80 分。如果您只挚爱（信任 / 尊重）X 品牌，那么 X 品牌获得 100 分，其他品牌获得 0 分
在 100 分中，您将分配多少品牌挚爱（信任 / 尊重）给 X 品牌（剩余的分数就分配给竞争品牌）?
品牌挚爱（信任 / 尊重）得分
X 品牌　　　　　（　）
所有其他品牌　　（　）
总分数　　　　　100

第 12 章 品牌崇拜仪表盘

（续表）

品牌—自我联结	
我感到个人和这个品牌没有联系	我感到个人和这个品牌有联系
−4　−3　−2　−1　　0	1　2　3　4
这个品牌不是我的一部分，不能代表我是谁	这个品牌是我的一部分，能代表我是谁
−4　−3　−2　−1　　0	1　2　3　4

第一品牌回想		
	完全不	完全
这个品牌多大程度上经常自动、看似自发地浮现在您的脑海中？	1　2　3　4　5　6　7　8　9	
这个品牌多大程度上会瞬间自然地浮现在您的脑海中？	1　2　3　4　5　6　7　8　9	

后记 | Brand Admiration: Building a Business People Love

在本书写作伊始,我们就把企业的最终目标——创建品牌资产——谨记于心。无论品牌在公司的业务架构中处于何种位置(如品牌产品子类、品牌产品、品牌业务单元或企业品牌),我们的品牌崇拜模型都提供了独特的逻辑洞见,指导品牌管理者强化品牌资产。我们阐述了受人崇拜的品牌会引发品牌忠诚和品牌拥护行为,为高效盈利和增长创造机会。在本书结束之际,我们为读者重现一些核心观点:

1. 品牌管理者应该聚焦于品牌崇拜的建立、强化和延用,因为它代表最优的品牌—顾客关系状态,并且会为品牌和公司带来巨大利益(第1章)。

2. 品牌崇拜的建立、强化和延用与各类品牌都有关——无论是B2B还是B2C市场,产品或服务,名人、地点或娱乐品牌(第2章)。一些市场(如B2B市场)利用3E利益来驱动品牌崇拜获益更大,只是这些市场当中的很多企业并不清楚赋情和赋意利益在长期构建和维系品牌崇拜中的重要作用。

3. 营销者通过操控品牌满足人类幸福的利益，也就是品牌为顾客提供的赋能、赋情和赋意利益，来控制品牌崇拜的建立、强化和延用（第3章）。

4. 建立品牌崇拜不仅限于外部顾客。建立品牌崇拜始于公司内部。考虑到企业为了吸引和留住人才要不断投入大量精力，不如在内部努力建立品牌崇拜，这很重要（第4章）。

5. 品牌管理者需要仔细思考顾客的需求概况，以及如何以持续而互补的方式提供赋能、赋情和赋意利益（第5章）。这些活动建立了品牌崇拜的两个基本要素：品牌—自我联结（第3章）和第一品牌回想（第6章）。

6. 品牌崇拜由高到低连续变化，有些品牌较其他品牌受到更多的崇拜。但即使是最受崇拜的品牌，也可以用一系列价值提升策略持续提升品牌崇拜（第7章）。

7. 一旦品牌受人崇拜，企业就有机会使用产品延伸和品牌延伸来延用品牌崇拜，以获得高效增长。好的延伸会强化品牌的核心识别，并把其他元素也吸纳进来，拓宽了未来的增长空间（第8章和第9章）。

8. 品牌管理者在延伸品牌时有多种品牌命名选择。理想情况下，品牌命名决策应该在考虑企业整个品牌架构的背景下做出（第10章）。

9. 品牌资产是可以测量的。我们最新提出的品牌资产量表与其他品牌资产的财务测量相比，在理论上和测量上具有很大的优势（第11章）。

10. 最后，企业可以并且应该建立一个品牌崇拜仪表盘，长期监测品牌健康，识别并排出优先的领域，以做持续改进（第12章）。

我们希望本书成为您的良伴，为您提供指引并鼓励您，助您实现建立和强化品牌崇拜这一重要目标，培育品牌拥护和忠诚行为，最终提升品牌对您的组织的财务价值。